MICHEL
AZAMA

CROISADES

éditions
THEATRALES

© 1989, éditions THEATRALES
© 1992 éditions THEATRALES,
4, rue Trousseau, 75011 Paris

ISBN : 2-907810-00-6

CROISADES

Du même auteur

BLED
Avant-Scène, n° 752

LE SAS
Avant-Scène, n° 847

VIE ET MORT DE PIER PAOLO PASOLINI
Avant-Scène, n° 789

IPHIGENIE
Editions THEATRALES, 1991

AZTEQUES
Editions THEATRALES, 1992

RESIDENCE D'ECRITURE

De janvier à mars 1988 la Chartreuse de Villeneuve-lez-Avignon a été le champ d'une expérience originale centrée sur l'écriture théâtrale, organisée par le *CIRCA* et *THEATRALES* et aidée par le Centre National des Lettres.

Michel Azama, Roland Fichet, Philippe Minyana, Jean-Pierre Renault et Yves Reynaud ont accepté le défi qui leur était proposé : résider pendant quatre mois à la Chartreuse pour écrire une pièce de théâtre. La liberté de création de chacun et l'écoute des productions de tous était la règle générale de cette communauté naissante, décidée à rompre avec la solitude habituelle de l'écrivain face à son texte.

Oser rêver, laisser libre cours à son imaginaire, hors des contraintes économiques d'une production, à l'abri de la dictature d'un metteur en scène-employeur, redonner la priorité à l'écrit, affirmer l'autonomie de l'écriture par rapport au théâtre, ... tels peuvent être les principaux moteurs de cette résidence collective.

Croisades de Michel Azama, *Terres Promises* de Roland Fichet, *Où vas-tu Jérémie ?* de Philippe Minyana, *Désert Désert* de Jean-Pierre Renault, *La Tentation d'Antoine* d'Yves Reynaud, ont été lues par leur auteur le 1er mai 1988 à la Chartreuse.

Les élèves comédiens de troisième année du Conservatoire National d'Art Dramatique de Paris ont été associés à cette initiative ; une présentation des cinq pièces a été réalisée par eux au

Festival d'Avignon 1988 pour les Rencontres Internationales d'été de la Chartreuse.

Ainsi se met en marche, pour cinq oeuvres dramatiques, le mouvement qui conduit le texte de l'écriture à la réalisation scénique dont le relais incombe maintenant aux producteurs.

La création, neuf mois après son écriture, de *CROISADES* par le Centre Dramatique National de Dijon confirme l'intérêt de cette démarche. Il y va du présent et de l'avenir du théâtre et de son écriture.

Daniel GIRARD
Jean-Pierre ENGELBACH

MORTS MEDITERRANEE

Les enfants qui s'éclatent en jouant à la guerre ressemblent aux personnages de Michel Azama.

Dans cette pièce étrange intitulée "CROISADES" l'histoire se passe "ailleurs", "là-bas" ... peut-être en Palestine, à Beyrouth ou Baalbec, quelque part en Syrie ou bien en Israël...

Peu importe le lieu il y a toujours deux camps où la vie est en jeu sans cesse. En jeu ? en joue plutôt ! Les relais de l'action ce sont des armes à feu. Mais Michel Azama envisage sa guerre avec la cruauté fébrile de certains jeux d'enfants : un théâtre naïf et loufoque, invraisemblable et réaliste tout à la fois.

Avec toujours du rêve qui chemine à travers les discours, dans ces situations simples et terribles : conflits sempiternels qui font s'entretuer des hommes autour des Méditerranées. Aujourd'hui comme hier quand c'était la croisade ... ou sa légende ! – "Rien n'est inventé pourtant", affirme notre auteur, – "les détails extra-ordinaires ce sont des choses vues dans le journal, au jour le jour".

C'est vrai qu'avec le poids des morts les titres des journaux font image : dans Libé comme à la Télé ! ... Mais parce que Michel Azama n'est pas un lecteur ordinaire il fait naître de ces faits divers quotidiens sensationnels une pièce qui les dépasse et dont la poésie évoque pour moi, par sa vive fraîcheur, l'acidité allègre des jeux d'enfants.

Les gamins qui jouent à la guerre se tuent à tout bout de champ. Mais leurs trépassés se redressent, se relèvent et parlent, commentant leur trépas, le contestant, puis recommencent de plus belle, s'entretuant encore, superbement ! Pourquoi se battent-ils ainsi sans cesse et, semble-t-il, depuis toujours ?

Vaincre sa peur des autres en tuant son semblable ? ... Ni la raison ni l'amitié, ni même l'amour ne suffisent à sauver les enfants de la guerre de Michel Azama. Mais les tués se relèvent et parlent :
  – "Ce n'est pas possible !" dit-on.
  – "Mais si c'est possible !" serine alors dans nos cervelles la voix des télévisions.

Et cent milliards d'aïeux se fendent la poire en coulisse ; du fond des chromosomes ils en ont vu bien d'autres ! ... Car, il faut le savoir, nous sommes tous farcis d'ancêtres goguenards qui hantent nos vies d'aujourd'hui bien plus réellement que tous les zombies des tribus primitives !

Les gens de maintenant, repus de catastrophes, communient dans l'horreur au moment des repas, ingurgitant tout à la fois les meurtres les plus fous et les pubs les plus dingues, massacres et fictions côtoient le mironton !

C'est à ce public-là qu'est adressé "CROISADES". C'est une drôle de pièce pour notre drôle de temps ! Comme au petit écran dans les rétrospectives, les morts y causent aussi ...

Le terrain vague culturel de nos mémoires dévastées par le feu des informations du monde entier sert de panorama pour ces discours imaginaires où Michel Azama croise en poète le rêve et le réel, les espaces et le temps.

Nul besoin de la vidéo pour faire co-exister ici des vivants et des morts. L'art dramatique est bien plus fort que la télé avec ses caméras magiques.

Dans la petite chambre du théâtre aussi tout est possible ... Et, à mon avis, bien plus beau !

Alain MERGNAT

Création au Centre Dramatique National
NOUVEAU THEATRE DE BOURGOGNE. DIJON
Direction : Alain MERGNAT. Le 17 janvier 1989

Mise en scène :   Alain MERGNAT
Décor, costumes,affiche : Jean-Vincent LOMBARD
Musique :   Jean-Marie SENIA
La petite fille :   *en cours de distribution*
Le petit garçon :   *en cours de distribution*
Le petit vieux :   Robert PAGES
La petite vieille :   Josine COMELAS
L'homme :   Jean-Jacques CHEP
L'homme noir de fumée :   "   "   "
Zack :   "   "   "
Le mort couvert de boue :   "   "   "
Le mort couvert d'algues :   "   "   "
Ismaïl :   Georges CAMPAGNAC
Yonathan :   Ghislain MIGNERET
Krim :   Etienne GREBOT
Bella :   Isabelle FORNIER
Maman-Poule :   Michel AZAMA

MICHEL AZAMA

Né en 1947. Comédien. Actuellement dramaturge au Nouveau Théâtre de Bourgogne. Centre Dramatique National Dijon. Membre du comité d'experts du Centre National des Ecritures Contemporaines (La Chartreuse).

Bibliographie

RUPTURES, 1981, Répertoire de Théâtrales.

GERANIUMS, 1982, Répertoire de Théâtrales.

BLED, 1983, *Avant-Scène*, n° 752.

VIE ET MORT DE PIER PAOLO PASOLINI, 1984, *Avant-Scène*, n° 789.

LE SAS, 1986, *Avant-Scène*, n° 847.

CROISADES, 1988 Editions THEATRALES.

IPHIGENIE OU LE PECHE DES DIEUX, 1991 Editions THEATRALES.

AZTEQUES, 1992, Editions THEATRALES.

Créations radiophoniques

LE SAS. France-Culture, 1988 ("Nouveau Répertoire Dramatique", L. Attoun). Radio Sarrebrück, 1989. Radio Suisse Romande, 1990.

VIE ET MORT DE PIER PAOLO PASOLINI. Radio Sarrebrück, 1990. Radio Suisse Romande, 1990. BBC Londres, 1991.

Mises en scène

BLED. Didier Augustin, création Festival de l'Acte, Metz, 1984. Eric Meignan, Théâtre de la Récré, Besançon, 1990.

VIE ET MORT DE PIER PAOLO PASOLINI. Jean Menaud, création, Paris, 1984. Tim Luscombe, Londres, 1986. Carlos Drummont, Brésil, 1987. Carlos Mathus, Argentine, 1988.

LE SAS. Jean-Louis Martin-Barbaz, création Théâtre des Pays du Nord, Béthune, Paris, 1988. Oscar Gomez Mata, Madrid, 1991 (traduction Angeles Munoz). Serge Martin, Lausanne, 1991. Marcelle Basso, Aix-en-Provence, 1991. Olivier Maurin, Lyon, 1992.

CROISADES. *Ecrit en résidence à la Chartreuse, Villeneuve lez Avignon.* Alain Mergnat, création, Nouveau Théâtre de Bourgogne, C.D.N. Dijon, 1989. Staats Theater Mayence, 1990 (traduction Klaus Gronau). Serge Martin, Genève, Lausanne, 1991. Michel Liard, Nantes, 1991.

IPHIGENIE OU LE PECHE DES DIEUX. Jean-Claude Gal, création Les Gémeaux/ Sceaux/Scène nationale, 1991, et Théâtre en Mai, Dijon.

AZTEQUES. Alain Mergnat, création, Nouveau Théâtre de Bourgogne, C.D.N. Dijon, 1992.

No se puede mirar.
Yo lo vì.

Ça ne peut pas se regarder.
Je l'ai vu.

GOYA

PERSONNAGES

par ordre d'entrée en scène

La petite fille
Le petit garçon
Le petit vieux
La petite vieille
Maman Poule
L'Homme
Ismaïl, 15 ans
Yonathan, 15 ans
Krim, 17 ans
La vieille femme au seau d'eau
L'indien Peau-Rouge
L'homme noir de fumée
Bella, 20 ans
Zack, 35 ans
Un passant
Le mort couvert de boue
Le mort couvert d'algues et de kérosène

Croisades a été lue et mise en espace réel en Avignon, le 15 juillet 1988, dans la Cave du Pape de la Chartreuse de Villeneuve-lez-Avignon, par les comédiens sortant du Conservatoire : Nathalie AKOUN, Michel AYMARD, Laurence CAMBY, Bernard LEVY, Nicolas LORMEAU, Véronique SAMAKH.

PROLOGUE

La petite fille et le petit garçon sont dans un espace vide entouré d'obscurité.

LA PETITE FILLE
Tchac ! (*elle arrache un bras de sa poupée.*)
Ma poupée a perdu un bras dans un bombardement.

LE PETIT GARÇON
Vite ! Il faut brûler la blessure pour que ça saigne pas.

LA PETITE FILLE
T'es bête. C'est une poupée, ça saigne pas.

LE PETIT GARÇON
Il faut brûler quand même. C'est comme ça qu'on fait. (*Il brûle l'épaule de la poupée avec une allumette.*) Elle pue. Le plastique pue exactement comme les gens quand on les brûle.

LA PETITE FILLE
C'est une poupée bien. Attention ! Elle a pris un éclat d'obus. Tchac!
Tchac ! Une jambe et l'autre bras !

LE PETIT GARÇON
T'exagères. Tu vas finir par la tuer.

LA PETITE FILLE
Brûle ! Brûle ! Ah ! ça pue c'est formidable ! On peut tout enlever
tant qu'on enlève pas la tête elle est pas morte.

LE PETIT GARÇON
Quand même.

LA PETITE FILLE
Mais si on enlève la tête elle est morte. Oh ! ... Regarde !

Un petit parachute tombe des cintres.

LE PETIT GARÇON
Qu'est-ce que c'est ?

LA PETITE FILLE
On dirait un paquet-cadeau.

LE PETIT GARÇON
C'est à moi !

LA PETITE FILLE
Non. A moi.

Ils se battent et s'arrachent le paquet l'un à l'autre.

- A moi.

- A moi.

LE PETIT GARÇON
C'est moi le plus fort.

LA PETITE FILLE
T'es bête. D'abord un garçon c'est bête. Je parie qu'il y a rien de bien
dans ce paquet. Des médicaments des bêtises comme ça.

LE PETIT GARÇON
T'es jalouse.

LA PETITE FILLE
Non.

LE PETIT GARÇON
Si.

LA PETITE FILLE.
Non.

LE PETIT GARÇON
Si. Bon. Alors si t'es pas jalouse pourquoi tu pleures ?
J'ouvre le paquet ?

LA PETITE FILLE
Je m'en fiche. Je soigne ma poupée sinon elle va devenir toute noire
comme mon cousin quand il avait perdu son bras.

LE PETIT GARÇON
Regarde. C'est un camion. Un camion citerne. Oh ! C'est téléguidé !

LA PETITE FILLE
Je m'en fiche. C'est bête. C'est un jouet de garçon.

LE PETIT GARÇON
Ecoute. Sois pas fâchée. Regarde. Je mets le camion là. Tout près de
moi. Et je te donne ça. C'est pour téléguider. Tu appuieras sur ce
bouton et le camion viendra vers toi. D'accord ?
T'es plus fâchée ? Tu joues avec moi ?

LA PETITE FILLE
Bon. Oui. Donne.

Le petit garçon est à plusieurs mètres de la petite fille. Elle appuie
sur la télécommande. Le camion explose. Le petit garçon fait un vol
plané et retombe inerte.

LA PETITE FILLE
Qu'est-ce que tu fais ? C'est pas un bon jouet dis ? Qu'est-ce que
c'est que ce jouet dis ? T'es pas mort dis ?

Elle s'approche du petit garçon.

Il est mort !
Comme mon cousin comme ma tante comme mon oncle comme mon
père et mon petit frère et mon oncle Jérémie.

A sa poupée :
C'est de ta faute salope ! C'est parce qu'on était fâchés tous les deux
à cause de toi. Salope. Tiens ! Voilà ce qui arrive aux poupées
comme toi. Un jour elles font pas attention elles passent sur une
mine et hop ! leur tête vole au-dessus des maisons.

Elle arrache la tête de sa poupée et la jette en l'air.
Voilà. T'es morte. Bien fait salope ! Mon copain est mort ma poupée
est morte ils sont tous bien morts sauf ma maman et moi je suis très
malheureuse.

Elle pleure.
Le petit garçon mort se relève et parle.

LE PETIT GARÇON
C'est pas grave tu sais. Pas la peine de pleurer. J'ai pas souffert et
j'ai décédé comme elle dit maman. J'ai décédé instantanément.
C'est la meilleure façon il paraît alors tu vois. Quand j'ai décédé j'ai
vu une grande lumière. J'ai compris que je venais de décéder.

LA PETITE FILLE
C'est comment décéder ?

LE PETIT GARÇON
C'est bien.

LA PETITE FILLE
C'est bien. C'est tout ?

LE PETIT GARÇON
C'est mieux que jouer à la poupée.

LA PETITE FILLE
Tu t'ennuies pas ?

LE PETIT GARÇON
Non. Il y a d'autres décédés qui m'attendaient.

LA PETITE FILLE
Je veux décéder moi aussi.

LE PETIT GARÇON
Ça se décide pas de décéder. On décède ou on décède pas mais on décide pas de décéder.

LA PETITE FILLE
C'est pas juste. Prête-moi ton camion.

LE PETIT GARÇON
Inutile. Ça n'explose qu'une fois. Ecoute. C'est une commission comme ça pour ma maman. Quand elle arrivera forcément elle aura un choc. Elle me verra tout raide et presque déjà noir.

LA PETITE FILLE
T'es pas raide et t'es pas noir.

LE PETIT GARÇON
C'est parce que je suis un décédé tout frais et parce que tu me vois comme tu me vois avec tes yeux à toi. Mais ma maman elle me verra pas comme tu me vois.

LA PETITE FILLE
Elle te verra comment ?

LE PETIT GARÇON
Avec ses yeux à elle. Elle me verra décédé. Ça lui fera quelque chose. Elle a l'habitude de me voir vivant. Il faut le temps de s'habituer.

LA PETITE FILLE
Elle en a vu d'autres des décédés.

LE PETIT GARÇON
Oui mais pas moi.

LA PETITE FILLE
Je veux décéder aussi.

LE PETIT GARÇON
Ne m'interromps pas tout le temps. J'ai pas que ça à faire.

LA PETITE FILLE
Qu'est-ce que t'as à faire ? T'as rien à faire. Les morts ils dorment
sous la terre et ils font rien de toute la journée et même de la nuit
non plus d'ailleurs ils dorment même pas. Ils font rien du tout.
Ils s'ennuient au milieu d'un tas de terre et de racines.

LE PETIT GARÇON
Qu'est-ce que t'en sais ?

LA PETITE FILLE
On nous apprend ça.

LE PETIT GARÇON
On t'apprend des conneries. Parce que les vivants ils ont jamais
décédé alors ils peuvent rien dire. Nous les morts on a du boulot
même les jeunes comme moi.

LA PETITE FILLE
Quel boulot ?

LE PETIT GARÇON
C'est secret. C'est pas la question. C'est de ma maman qui pleurera
quand elle me verra que je te parle. Quand tu la verras tu lui diras
que je vais bien au milieu des autres décédés. D'accord ?

LA PETITE FILLE
Tu vas pas bien parce que t'es décédé.

LE PETIT GARÇON
T'es bête. T'es rien qu'une fille. Tu comprends rien. Je vois bien que
je perds mon temps. J'ai pas que ça à faire moi.
Il s'allonge et s'immobilise.

LA PETITE FILLE
Te fâche pas. Pourquoi tu te remets tout raide ? Arrête d'être mort.
Je veux plus que tu soyes décédé. Je joue plus. Ecoute. Sois plus
fâché. Arrête d'être mort. Arrête de décéder tout le temps. T'es
vraiment bête avec tes jeux de garçon. Je suis fâchée moi aussi et je
suis très malheureuse.

Rafale de mitraillette.
La petite fille tombe morte. Elle se relève lentement et dit :

LA PETITE FILLE
Oh ! Je crois que je viens de décéder aussi.

*Elle touche le petit garçon qui se relève lentement. Ils se regardent
en silence. Se prennent par la main et s'éloignent vers le fond.*

*On voit apparaître au fond un couple de petits vieux. Elle a une
ombrelle blanche. Ils sont très chics. Ils tendent les bras aux deux
enfants.*
*Les enfants et le couple de petits vieux disparaissent comme
absorbés par la lumière.*

SEQUENCE 1

MAMAN POULE - L'HOMME

Une femme d'allure mythologique vêtue d'une robe longue sans
forme ni époque entre.
C'est maman poule.
Elle parle directement au public.

Cette séquence a lieu dans un espace entouré d'obscurité ou bien
dans le public.

MAMAN POULE
Dites
c'est encore loin Jérusalem ?
Je marche je marche je marche
depuis l'an 1212 que je marche.
Mes jambes n'y résisteront pas. Quelle fatigue.
Mais quelle fatigue. Mes varices sont percées. Du pus du pus des
fontaines de pus.
Ça fait déjà pas mal d'années que je suis morte.
Pas question de me reposer dans ma mort tant que je n'ai pas mis les
pieds à Jérusalem.
Un vœu c'est un vœu et être mort ce n'est pas une excuse.
Ça ne peut pas être loin
à présent. En quelle année sommes-nous ?
Les années moi je les compte par poignées de cinquante.
Quelle histoire.
Je suis partie avec ce troupeau d'innocents
toute la marmaille d'un pays qui se répand comme une inondation.
Allons délivrer Jérusalem.
Et ça chante et ça marche. E SUS E ULTREIA E DEUS AIA NOS.

Quel bruit. Des enfants tous des enfants des blonds des bruns des roux des frisés des bouclés des raides des borgnes des boiteux trente mille on a dit ça trente mille garces et garçons qui partent pour Jérusalem. C'est une vieille histoire. La mémoire me manque.
Ça me revient par petits bouts dans le désordre.
On a vu ça ce berger cet Etienne ce gamin de quinze ans à qui les anges parlent.
GUERRE A LA GUERRE ET GUERRE A LA MORT
voilà ce que lui auraient dit les anges.
Toutes les bêtes de son troupeau se sont agenouillées devant lui pour demander la délivrance de Jérusalem.
Les sarrasins dans la ville sainte se vautrent sur la vraie Croix ils compissent et conchient le Saint Sépulcre. Délivrance délivrance.
C'est dans la bible. On le dit. Moi je ne sais pas.
Je n'ai jamais appris à lire.
Alors le berger et d'autres gosses se sont mis en route. En avant.
Ils ont taillé le bourdon de pèlerin dans une branche de noisetier
E SUS E ULTREIA E DEUS AIA NOS.

Elle s'asseoit.
Un homme en haillons entre.

MAMAN POULE
Qui es-tu toi ?

L'HOMME
Je suis Renaud le bûcheron.
J'abattais un chêne en cent coups de cognée autrefois.
Je me suis croisé pour ne plus être serf.
Je suis parti avec l'armée de Louis de Blois de Champaigne.
Les connétables les hommes-liges les gouverneurs vassaux tenanciers de la clergie et moi qui étais serf.
C'était un charroi de bannières de gonfanons de draperies quand nous sommes partis. Je voulais voyager plus loin que Blois et que Vendôme voir d'autres collines voir s'il y avait autre chose ailleurs.

MAMAN POULE
Tu es allé jusqu'à Jérusalem ?

L'HOMME
Oui.

MAMAN POULE
Malheureux. Tu n'y es pas resté.

L'HOMME
Je veux rentrer chez moi.

MAMAN POULE
Chez toi ils sont tous morts depuis longtemps.
Qu'est-ce que vous avez fait là-bas ? Parle-moi de Jérusalem.

L'HOMME
Nous avons fait plaisir à Dieu en délivrant le Saint Sépulcre.
Nous avons beaucoup tué. Tué dans les ruelles les jardins les cours
nous avons brûlé la synagogue fait voler les têtes par dessus les
murs toute la ville baignait dans le sang
nous marchions dans le sang jusqu'à la bride du cheval.

MAMAN POULE
Je n'imaginais pas le plaisir de Dieu comme ça.

L'HOMME
Il fallait bien délivrer la ville.
A la nuit tombante barons et chevaliers se sont lavés et changés et
ont marché pieds-nus dans les rues sanglantes. Ils baisaient avec
dévotion les places que les pieds de Jésus avaient foulées en versant
des larmes de joie. Il nous semblait que nous entrions au paradis.

MAMAN POULE
Le paradis non plus je ne l'imaginais pas comme ça.

L'HOMME
Il nous semblait voir le corps de Jésus couché là tout mort.
Pendant la messe beaucoup de soldats continuaient à purifier la
ville marchant sur des cadavres par milliers et fracassaient les têtes

des enfants contre les pierres. C'était un jour de grande liesse chrétienne.

Dans l'église du Saint Sépulcre barons et chevaliers pleuraient de joie au milieu des cierges et des fumées d'encens. On dit que le pape est mort de joie en apprenant la nouvelle.

MAMAN POULE
Le pauvre homme.
En quelle année sommes-nous ?

L'HOMME
Je ne sais pas.

MAMAN POULE
Dis-moi c'est encore loin Jérusalem ?

L'HOMME
Je ne sais pas.

MAMAN POULE
Dans quelle direction au moins ?

L'HOMME
Tous les chemins y vont.

Il sort.

MAMAN POULE
Eh bien il n'a pas appris grand chose dans la cité céleste celui-là.
Soit. Avançons.

Elle sort.

Le décor apparaît.
C'est un lieu de commotion.

SEQUENCE 2

ISMAIL - JONATHAN

YONATHAN
Ismaïl, Je pars. Je veux dire je ne pars pas je vous quitte.

ISMAIL
Où tu vas ?

YONATHAN
De l'autre côté.

ISMAIL
Quoi. Chez les autres ?

YONATHAN
Oui.

ISMAIL
Tu es devenu fou ou quoi ?

YONATHAN
Ma famille n'est pas de ta religion. On s'est installés avant que ça
pète. Maintenant c'est plus pareil. Notre place c'est en face.

ISMAIL
Avec les autres ?

YONATHAN
Nous faisons partie des autres.

ISMAIL
C'est idiot. Tu es né ici. On a toujours joué au foot ensemble. C'est idiot.

YONATHAN
Complètement.

ISMAIL
Personne ne vous fera de mal ici. Vous êtes de ce quartier.

YONATHAN
Qui sait. Les choses ont vite fait de se retourner.

ISMAIL
On est au fond d'un trou. Je me sens perdu. J'essaie de comprendre ce qui se passe. J'écoute la radio. J'essaie de suivre. Cette guerre c'est la guerre des mensonges. Tout le monde ment. On ne sait plus.

YONATHAN
Moi j'ai des problèmes de ventre. je deviens nerveux et irritable. Je dors très mal. Je n'arrive pas à m'endormir.

ISMAIL
Il faut compter les obus.

YONATHAN
C'est ce que je fais. Ça me réveille.
J'y vais Ismaïl.

ISMAIL
Attends. Tu ne peux pas partir comme ça. On continuera à se voir.

YONATHAN
Chacun de son côté ça ne sera pas facile.

ISMAIL
Quand on était gosses la guerre c'était juste une façon de ne pas aller à l'école. Tu te souviens on disait : aujourd'hui pas d'école c'est jour de bombardement.

Tu ne peux pas aller avec eux.
Nous on est des lions eux c'est des chiens.

YONATHAN
C'est comme ça. On n'y peut rien.

ISMAIL
T'es mon pote. Complètement mon pote. Je ne peux pas penser à toi comme à un ennemi c'est impossible. Je me ferais tuer tout de suite là ici pour toi tout de suite.
Tu te souviens tu voulais être toubib et moi ingénieur.
Le jour de mes quinze ans on a fait un pique-nique devant la mer avec des filles. Il n'y en a pas eu d'autre depuis.

YONATHAN
Il n'y en aura plus Ismaïl.

ISMAIL
Yonathan ! On disait qu'on ne se quitterait jamais.

YONATHAN
On était des gosses. C'était pas encore la guerre. Pas vraiment. Pas comme aujourd'hui.

ISMAIL
Ça a commencé ce jour-là tu te souviens.

YONATHAN
Ça ne sert à rien.

ISMAIL
Pour le pique-nique on avait fait des brochettes. On a dansé avec des filles. Quand on est revenus on n'a pas compris ce qu'il disait ce type. Il disait ça barde par là-bas et quand on est arrivés...

YONATHAN
Oui. D'habitude ça bougeait ça gueulait et là plus rien.
Il faut que j'y aille.
On doit passer la ligne avant la nuit.

ISMAIL
J'ai trouvé ma mère en larmes. Elle m'avait cru mort.

YONATHAN
La mienne aussi. Tu avais flirté avec la plus belle fille. Arrêtons ça.
Ça ne sert à rien.

ISMAIL
Tu étais jaloux.

YONATHAN
C'était la paix. C'était pas pareil.

ISMAIL
On a passé notre vie à jouer au foot et à voler des figues.

YONATHAN
C'est fini tout ça.

ISMAIL
Tu ne peux pas partir comme ça. De l'autre côté avec les autres. Je
te crois pas. Nous tirer dessus. Me tirer dessus peut-être. Je peux
pas croire ça.

YONATHAN
Que tu le croies ou pas ça ne change rien.
Je regrette que nous ne soyons pas de la même religion. Un jour
nous aurions pu nous retrouver dans le même paradis.

ISMAIL
Il n'y a pas un seul sentiment dans toute ta carcasse.

YONATHAN
Si.

ISMAIL
Quoi. Quel sentiment ? Dis-le.

YONATHAN
Le sentiment que d'un côté ou de l'autre tout le monde nous pousse
vers le cimetière.

ISMAIL
C'est pas une réponse. Je veux pas que tu partes.

YONATHAN
Il le faut. Embrasse-moi Ismaïl.

ISMAIL
Non. Fous le camp.

Ils s'embrassent. Yonathan sort en courant.

ISMAIL
Yonathaaaaaaaaan.
Reviens. Yonathan. N'y vas pas. Eux c'est des chiens nous on est des
lions.
Yonathan.

Noir rapide

SEQUENCE 3.

MAMAN POULE
suivie de :
UN INDIEN PEAU-ROUGE - UN HOMME NOIRCI PAR LA FUMEE

MAMAN POULE
Ils sont partis comme ça. D'abord quelques-uns.
Ensuite par milliers.
Et moi malheureuse j'entendais la rumeur approcher.
Ça dévale de colline en colline comme une armée de rats
rien ne les retient ni menaces ni serrures ni prisons ni caresses
ils escaladent les remparts ils abandonnent les bêtes au pâturage
ils se cachent au creux des forêts ils marchent ils marchent
l'avalanche grossit
des pères menacent les fils de mort avec des haches et des bâtons
des mères se griffent les seins et le visage
sans qu'ils détournent seulement la tête
ils déferlent entre les maisons armés de croix de cierges
d'encensoirs.
Les cloches sonnent d'elles-mêmes à leur passage.
Des quantités innombrables d'oiseaux de grenouilles de papillons
les accompagnent vers la mer
et moi malheureuse j'entendais la rumeur approcher.
Comment protéger mes quatorze enfants mes dix garçons mes
quatre filles de cette folie de Jérusalem ? J'ai fait un philtre avec les
deux couillons d'un lièvre et le foie d'une colombe
j'ai porté un collier d'ail j'ai frotté leurs reins pendant leur sommeil
avec de l'eau bénite
malheur je leur disais malheur à ceux qui vont à Jérusalem.
Barberousse et Coeur de Lion s'y sont cassé les dents

comment des enfants sans armes pourraient-ils réussir ?
Je disais ceux qui sont revenus ont les yeux qui suintent d'horreur ils
parlent comme on vomit les haches les pointes les épieux les
poignards Baudouin exposé vivant au soleil
et ses blessures becquetées par les oiseaux.
Les Sarrasins arrachent le coeur des blessés pour les manger
ils s'accouplent avec leurs chèvres ils font bouillir les enfants.
Toutes mes histoires les faisaient rire.
Je les avais barricadés mes dix garçons mes quatre filles
mais quand ils ont entendu les chants de cette armée de gosses
ils sont devenus fous tous les quatorze ensemble.
J'avais cloué les portes et les fenêtres.
Une force incroyable leur venait dans les bras
je me suis couchée en travers du seuil
et mes quatorze enfants m'ont enjambée en silence.
Je les ai suivis je criais : "coupez-moi d'abord en morceaux !"
mais ils n'entendaient rien ils ne se retournaient pas
j'ai fait ni une ni deux j'ai pris ma plus grosse marmite
En route ! Tant pis pour mes vieilles jambes !
Depuis j'arrache le seigle et l'orge quand il y en a
je fais de la soupe de contrebande de la soupe de la soupe
mais autant essayer de nourrir un essaim de frelons
voilà des siècles que je leur fais la soupe.
Le vent de Dieu nous pousse.
Il y a deux anges avec l'homme le bon et le mauvais.
Est-ce le bon est-ce le mauvais comment savoir.
Et là. Voilà que j'ai perdu ma bande de gamins.
Est-ce que vous avez vu une bande de rats qui noircit les collines
quand elle passe ?

Depuis un moment l'indien et l'homme noir de fumée sont entrés.
Maman poule les voit.

Qu'est-ce que c'est ?
Oh là.
Je n'ai jamais vu d'homme rouge.

L'HOMME NOIR DE FUMÉE
Il vient d'Amérique.

MAMAN POULE
Amérique ?
Qu'est-ce que c'est que ça Amérique ?

L'HOMME NOIR DE FUMÉE
De l'autre côté de l'océan.
Le nouveau monde.

MAMAN POULE
Nouveau monde ?
Je ne sais pas de quoi tu parles l'homme.

L'HOMME NOIR DE FUMÉE
Ils ont découvert une autre moitié du monde de l'autre côté de
l'océan.

MAMAN POULE
Une autre moitié du monde

L'HOMME NOIR DE FUMÉE
Oui.

MAMAN POULE
Eh bien. C'est sûrement cette deuxième moitié du monde qui nous
fait perdre l'équilibre et fait basculer la terre vers la folie.
Pourquoi es-tu tout noir toi.

L'HOMME NOIR DE FUMÉE
C'est la fumée. L'inquisition vient de me brûler.

MAMAN POULE
Inquisition. Qu'est-ce que c'est cette chose qui brûle ?

L'HOMME NOIR DE FUMÉE
Un tribunal d'église.

MAMAN POULE
Ah ! Tu es hérétique.

L'HOMME NOIR DE FUMÉE
Non.

MAMAN POULE
Il faut bien que tu aies fait quelque chose.

L'HOMME NOIR DE FUMÉE
Non.

MAMAN POULE
Vol adultère offense à Dieu…
Tu as couché avec une maîtresse de cardinal grave offense.

L'HOMME NOIR DE FUMÉE
Non.

MAMAN POULE
Il faut bien qu'il y ait quelque chose.

L'HOMME NOIR DE FUMÉE
Je n'ai plus de prépuce.

MAMAN POULE
Ah. Est-ce qu'on brûle pour ça ?

L'HOMME NOIR DE FUMÉE
La preuve.

MAMAN POULE
Quelle époque !
Et lui ?

L'HOMME NOIR DE FUMÉE
Même chose. L'inquisition.

MAMAN POULE
Il n'a pas de prépuce non plus ?

L'HOMME NOIR DE FUMÉE
Si.

MAMAN POULE
Alors ?

L'HOMME NOIR DE FUMÉE
Il a la peau rouge.
Il ne connaît pas le Christ.

MAMAN POULE
Evidemment. Ça fait deux bonnes raisons.
Où allez-vous comme ça ?

L'HOMME NOIR DE FUMÉE
Vers la terre promise.

MAMAN POULE
Elle a l'air promise à beaucoup de monde. Vous n'avez pas vu
passer mes trente mille enfants ?

L'HOMME NOIR DE FUMÉE
Trente mille ?

MAMAN POULE
Oui. Plus quatorze qui sont de mon ventre ...

SEQUENCE 4

KRIM - ISMAIL

Krim entre en courant, une mitraillette Kalachnikov à la main.

KRIM
Ils arrivent. Ils arrivent. L'armée arrive.
Ils ont fait un barrage de pierres et de pneus sur la route.

ISMAIL
Ils sont très excités.

KRIM
Ils ont mis le feu aux pneus.

ISMAIL
Ils tirent. Ils sont au moins trois cents. Ils vont nous massacrer.

KRIM
Ils brûlent les bagnoles.

ISMAIL
Ils foutent le feu partout.

KRIM
Quelle fumée. Ça pique.

ISMAIL
Qu'est-ce que tu fais ?

KRIM
Rôtir d'accord mais pas la vessie pleine.

ISMAIL
Regarde. Un sac ficelé.

KRIM
N'y touche pas. C'est une bombe.

ISMAIL
Il y a une étiquette.

KRIM
N'y touche pas. C'est un piège.

ISMAIL
Mais non. Regarde. Le noeud est défait.

KRIM
Attention. Tu vas te tuer.

ISMAIL
C'est une veste d'homme. Beurk.
C'est plein de sang.

KRIM
Tu es fou. N'y touche pas.

ISMAIL
Il y a des épaules.

KRIM
Quoi.

ISMAIL
Il y a ... dans la veste ... des épaules ... quelque chose ... enfin
quelqu'un.

KRIM
Laisse ça. Ne va pas plus loin.

ISMAIL
Pas de tête. Pas de bras. Il y a un torse dans la veste. Une enveloppe dans la poche de la veste. Je l'ouvre ?

KRIM
Tu es fou tu ne te rends pas compte. On peut coller des bombes sous un timbre.

ISMAIL
C'est une fiche de paye. Au nom de ... C'est le nom du type qui habite à côté.

KRIM
Tu aurais dû laisser ça. On est bien avancés.

ISMAIL
Merde. Ça pisse dans mon froc. Je suis tout mouillé.

KRIM
C'est normal.

ISMAIL
Quoi c'est normal ?

KRIM
C'est la trouille. Viens.

ISMAIL
Qu'est-ce qu'on fait de ce sac ?

KRIM
C'est pas notre problème merde. Viens.

Ils crapahutent en silence dans les ruines.
Ismaïl sort un paquet de cartes postales d'une caisse éventrée.

ISMAIL
Tu as vu ça.
"Hôtel Phoenicia" - "la piscine" - "le petit stade" - "le port de plaisance".

KRIM
C'était une belle ville avant.

ISMAIL
Oui. Pour avoir des souvenirs ici il faut être vieux.

KRIM
C'est sûr. Avoir au moins trente ans.

ISMAIL
On y arrivera jamais.

Ils rient.

Tu as déjà vu une vitrine toi. Je veux dire une vraie avec des trucs dedans des souvenirs des bibelots par exemple et une vitre devant je veux dire une vraie vitre entière ?

KRIM
Non. Bien sûr que non.
Qu'est-ce qu'on attend ici ?

ISMAIL
Rien. On domine. Si tu veux être tranquille cherche le point le plus haut.

KRIM
Pourquoi. Pour tomber plus bas quand ça s'écroule ?

Ils rient.

ISMAIL
Pour pas être canardé d'en haut ... T'as pas une cigarette ?

KRIM
Tu rigoles. Pour avoir une bouteille de gaz il faut traverser toute la
ville alors pour des cigarettes il faudra bientôt traverser
le désert ...

ISMAIL
Et ça regarde. "vue générale des grands hôtels".

KRIM
C'est beau. C'était beau. Ce que c'était beau ...

ISMAIL
Ouais. T'as vu. Il y avait des autobus rouges et d'autres jaunes.

KRIM
Les rouges c'était pourquoi à ton avis.

ISMAIL
Comment tu veux que je sache.

KRIM
Et les jaunes.

ISMAIL
C'étaient des bus pour les gens quoi.

KRIM
Quand il y avait des gens qui prenaient le bus.

ISMAIL
Oui.
Qu'est-ce qu'on fait là ? Qu'est-ce qu'on attend ?
Qu'est-ce qui va se passer maintenant ? J'ai faim.

KRIM
On attend.

ISMAIL
Quoi. On attend quoi.

KRIM

Tout. Faut s'attendre à tout mon vieux. Ici d'une seconde à l'autre
tout peut arriver. La boue peut prendre feu.
Attention. Ne bouge pas. Quelqu'un traverse la rue.

ISMAIL

C'est une femme. Une vieille.

KRIM

Homme ou femme il faut se méfier.

ISMAIL

Mais non. Elle va chercher de l'eau.

KRIM

Qu'est-ce que t'en sais.

ISMAIL

Elle a un seau.

KRIM

Tu sais ce qu'on peut cacher dans un seau. Bouge pas.
Reste planqué.

ISMAIL

Elle va chercher de l'eau je te dis. C'est une vieille.

KRIM

Et alors. Vieille ou pas ça peut être dangereux.

ISMAIL

T'es fou. Il y a que les nôtres par ici. C'est pas une d'en face.

KRIM

Comment tu le sais.

ISMAIL

C'est impossible. Elle oserait pas. Trop risqué.

KRIM
C'est ça qui te trompe. C'est des idées. Faut pas se fier à des idées.
Ils nous infiltrent.

ISMAIL
Qu'est-ce que tu fais. T'es fou. Qu'est-ce que tu fais.

KRIM
Elle a tourné la tête. Elle nous a localisés. Un éclat de soleil sur le
canon du fusil ça suffit.

ISMAIL
Ça risque rien. Elle est pas armée. C'est une pauvre vieille du
quartier. Arrête.

KRIM
Et dans le seau. Un seau plein de grenades ça fait mal.

ISMAIL
C'est une vieille qui va chercher de l'eau.

KRIM
Qu'est-ce que t'en sais ?

ISMAIL
Mais qu'est-ce que t'en sais toi ?

KRIM
Quand on est pas sûr on est pas sûr.

Krim arme le fusil.

ISMAIL
Arrête. On est jamais sûrs d'abord. Calme-toi.
C'est une vieille qui va

KRIM
chercher de l'eau. Oui. Mais quand on est pas sûr on est pas sûr.
Et si on attend d'être sûr on est mort.

ISMAIL
T'es fou. Arrête je te dis.

KRIM
C'est une zone de combat ici. Elle nous espionne.

ISMAIL
Qu'est-ce que tu fais. Non. Ne tire pas. Arrête.

Krim tire.

KRIM
Je l'ai eue à la jambe. Merde. Elle crie.
Je vais lui apprendre à se taire.

ISMAIL
T'as pas le droit. Arrête. Elle a rien fait. Elle est du quartier. Arrête.
Elle va chercher de l'eau. C'est une vieille. Arrête. t'as pas le droit.
Non. Arrête.

Krim tire à nouveau.

KRIM
Ça y est. Je l'ai eue.

ISMAIL
Salaud. C'est dégueulasse. Elle allait chercher de l'eau.

KRIM
C'est une espionne.

ISMAIL
Menteur.

La vieille femme tombe morte puis se redresse et parle.

LA VIEILLE FEMME AU SEAU D'EAU
Je commence à tout confondre moi.

Au moindre bruit je sursaute mais pour ce qui est de la santé Dieu
merci je touche du bois.
Allons bon voilà que je saigne ... Ah la la plus moyen de faire
tranquillement sa corvée d'eau.
On se demande dans quel monde on vit.
Il n'y a plus de respect de rien.
Tout le monde se mêle de tout et tout va de travers.
Hier j'ai même vu des putains qui ont monté une coopérative de
confitures.
Enfin si on peut appeler ça des confitures.
Pour trouver des légumes – si on peut appeler ça des légumes– il
faut faire le tour de la ville – enfin si on peut dire une ville – et
encore ça ne se trouve qu'au marché noir.
Mais ça pour un marché noir c'est un marché noir. Ils vendent
l'argent dix fois plus cher.
Et dans l'ancienne cathédrale j'ai vu un bonhomme qui arrachait les
herbes entre les dalles du transept en récitant des prières qui
avaient même pas l'air catholiques.
Dans quel monde on vit.
Tout fume tout rougit. Les fumées s'épaississent.
Bientôt tout explosera et finita la commedia.
Je saigne c'est agaçant.
C'est fou ce qu'on peut user comme pansements ...
Dieu merci pour ce qui est de la santé

Elle tombe morte définitivement.

ISMAIL
Assassin.

KRIM
T'es pas chiche d'en faire autant.

Ils sortent en courant.

SEQUENCE 5

LE PETIT VIEUX - LA PETITE VIEILLE

Lumière sur un couple de vieux très vieux et très chics qu'on a aperçu à la fin du prologue. Elle a une ombrelle blanche. Sa robe et son ombrelle sont éclaboussées de sang. Ils sont immobiles, visiblement morts au milieu des gravats. Au bout d'un temps, ils ouvrent les yeux et parlent.

LE PETIT VIEUX
Il m'avait suffi de te voir de dos pour que notre rencontre ...

LA PETITE VIEILLE
A quoi bon reparler de tout ça.

LE PETIT VIEUX
Je n'avais rien à faire ce jour-là. Je voulais seulement tomber amoureux et je t'ai vue de dos. Je me suis dit tant pis si elle est laide. Tu t'es retournée tu n'étais pas laide. Je t'aimais déjà.
Je donnerais cher pour revoir Venise.

LA PETITE VIEILLE
Venise ! Tu me fais rire avec tes souvenirs.

LE PETIT VIEUX
Venise New York Paris ...

LA PETITE VIEILLE
Fini tout ça. Un autre monde. Pas la peine de dire ces noms-là.

LE PETIT VIEUX
Le premier jour tu m'as lavé les cheveux sous la douche avec douceur et puis on est allés au zoo. Les pumas les tigres les éléphants les singes.

LA PETITE VIEILLE
Tais-toi. Qu'est-ce qui te prend à te souvenir comme ça. Quel supplice.

LE PETIT VIEUX
Au contraire c'est un plaisir. Tu sais je t'ai toujours aimée même maintenant.

LA PETITE VIEILLE
Ces mots-là aussi tu devrais te les interdire. Aide-moi plutôt à retrouver comment c'est arrivé.

LE PETIT VIEUX
Nous étions assis sur la terrasse.

LA PETITE VIEILLE
Oui. Un avion est arrivé avec ce vol lourd. Un bourdon géant.

LE PETIT VIEUX
C'était un de ces vieux avions comme on n'en voit plus. Un biplan.

LA PETITE VIEILLE
Tout à coup nous avons entendu poppoppop derrière l'immeuble. L'avion a tourné lentement au-dessus des marais et est revenu en volant très près du sol.

LE PETIT VIEUX
Oui. Il y a eu une série d'explosions comme des sacs en papier qu'on crève et tout a pris feu autour.

LA PETITE VIEILLE
C'était une belle soirée d'août fraîche et encore ensoleillée ...

LE PETIT VIEUX
Ça a été pour nous une mort si naturelle.

LA PETITE VIEILLE
Oui. Et si ... comment dire. Si naturelle oui. Si naturel d'être abattus sur la terrasse pendant une partie de boules ...

LE PETIT VIEUX
Mourir tranquillement est un privilège dans une époque si troublée.
Qu'est-ce que nous faisons ici ?

LA PETITE VIEILLE
Toi tu ne changeras jamais. Aucune tête. On est venus accueillir un
de ces jeunes.

LE PETIT VIEUX
Je ne vois personne.

LA PETITE VIEILLE
Attends. C'est parce qu'il n'est pas encore mort.

LE PETIT VIEUX
Après l'heure c'est plus l'heure. De mon temps on ne se serait jamais
permis d'être en retard à l'heure de sa mort.

LA PETITE VIEILLE
La mort arrive aux hommes comme aux bêtes : dans l'inconscience.

LE PETIT VIEUX
A Bahia le Campo Santo s'étend sur une colline merveilleuse. Tout
en étages face à la mer. Sur les terrasses du haut se dressent les
tombeaux de marbre noir et rose des barons du sucre des médecins
mondains des planteurs des seigneurs du cacao et du café. Tout en
bas de la colline une simple dalle recouvre les corps des petits
employés et plus bas dans une sorte de ravin plein de broussaille les
fosses sans ornement des travailleurs noirs. De temps en temps
ceux-là on les dérange. On retire leurs os à la pioche on les entasse
dans une brouette on les brûle on les jette au vent ...

LA PETITE VIEILLE
En somme les riches deviennent sédentaires et les pauvres
voyagent...

*Ils disparaissent en flânant dans les ruines à petits pas, se tenant
par la main avec bonheur ...*

SEQUENCE 6

ISMAIL - BELLA

Bella tient Ismaïl sous la menace d'un fusil.

BELLA
Fais gaffe. J'ai une arme. Ne bouge pas.

ISMAIL
Qu'est-ce que tu veux ?

BELLA
C'est toi qui a descendu la vieille ?

ISMAIL
Non.

BELLA
Qui est-ce ?

ISMAIL
Qu'est-ce que ça peut faire ?

BELLA
Réponds.

ISMAIL
Je ne sais pas.

BELLA
Tu mens. Ça ne fait rien. Elle est morte un point c'est tout.

ISMAIL
Tu la connaissais ?

BELLA
T'occupe.

ISMAIL
C'était ta mère ?

BELLA
Ma mère est morte dans un bombardement.

ISMAIL
Ta grand mère ?

BELLA
Ma grand mère elle a été gazée.

ISMAIL
Excuse-moi.

BELLA
Il n'y a pas de mal.

ISMAIL
Pose ton fusil. C'est lourd.

BELLA
De quoi je me mêle. Mon père m'a appris à tirer quand j'avais quatre ans. Il venait me chercher au jardin d'enfants dans une voiture blindée. Il m'apprenait le camouflage avec des feuilles dans les cheveux et comment passer en haut d'une colline sans se faire repérer. J'étais son héroïne.

ISMAIL
C'est pas mal pour une fille.

BELLA
Laisse tomber. Ce qui compte c'est la marque du fusil et la vitesse des réflexes un point c'est tout.

ISMAIL
Tu me plais.

BELLA
Fais gaffe mec. On est pas là pour flirter. Je te tiens au bout de mon
fusil tu l'oublies pas s'il te plaît.

ISMAIL
J'oublie pas. T'es belle quand même.

BELLA
Ça se peut. C'est pas la question.

ISMAIL
C'est quoi la question.

BELLA
Tu oublies vite quand ça t'arrange. Qui a tué la vieille ?
Ton copain ? Bon. Où il est ce copain ?

ISMAIL
Je ne sais pas. Il est parti tout de suite.

BELLA
Je t'ai eu. Tu viens d'avouer.
On canarde pas une vieille qui va chercher de l'eau.

ISMAIL
C'est ce que j'ai dit.

BELLA
Ah ouais. T'as dit ça. Dis-moi ça jusqu'à demain pour que je te croie.

ISMAIL
Je t'assure que …

BELLA
Laisse tomber. Ça me fera plaisir. Tu es de l'autre camp toi. Tu as
pas l'air.

ISMAIL
C'est pas un air.

BELLA
T'as pas l'air quand même.

ISMAIL
Et toi ?

BELLA
Ça te regarde ? Puis merde si tu veux savoir quand j'étais petite
j'avais cinq ans cette foutue ville a été reprise j'ai embrassé le mur
j'étais toute petite mais je me souviens de cette foule qui montait
vers le mur. Il y avait des buissons d'épines qui poussaient entre les
pierres du mur. Je marchais à côté d'un parachutiste je lui ai dit :
"qu'est-ce que tu ressens ?" il a dit : "ce que je sens ? Je sens que je
rentre chez moi après 900 ans".
Je ne sais pas pourquoi je te raconte ces conneries.

ISMAIL
Faut bien parler. On peut pas que se battre.

BELLA
Toi aussi tu as une belle gueule.

ISMAIL
Une fille ça ne dit pas ça.

BELLA
Je t'emmerde puceau. On t'a jamais dit ça.

ISMAIL
On est pas là pour parler de ça.

BELLA
Celui qui tient le fusil décide de quoi on parle. Et le fusil c'est moi.
Comment ça se fait que tu te balades sans armes ? Tu pique-niques
ici ou quoi ?

ISMAIL
Je suis trop jeune pour me battre.

BELLA
Quel âge ?

ISMAIL
Quoi ?

BELLA
T'es sourd ? J'ai dit : quel âge ?

ISMAIL
Dix-sept.

BELLA
Disons quinze à tout casser.

ISMAIL
Tu profites que t'as un fusil pour m'insulter.

BELLA
J'ai dit quinze. Depuis quand c'est une insulte ?

ISMAIL
Tu profites que t'es la plus forte.

BELLA
Cause toujours. Si tu crois que je vais lâcher mon flingue.

ISMAIL
C'est pas une discussion d'égal à égal.

BELLA
J'ai jamais dit ça.

ISMAIL
Alors n'en profite pas pour me demander des trucs personnels l'âge
et tout ça ...

BELLA
Monsieur est susceptible.

ISMAIL
Un prisonnier ça se respecte.

Bella étouffe de rire.

BELLA
Commence pas à te prendre pour un héros. Moi les héros d'abord je
les déteste. Qu'ils crèvent les héros ils ont ce qu'ils méritent.

ISMAIL
C'est bizarre tes bijoux et ton fusil ça va pas ensemble.

BELLA
Un prisonnier ne doit pas faire de remarques personnelles.
C'est comme ça. J'ai voulu être comme ça.
Mes bijoux mon rimmel et mon flingue. Mon père disait toujours
qui voudrait faire l'amour avec un squelette pareil mais j'ai trouvé
un amateur de squelette. Ça n'a pas duré longtemps.

ISMAIL
Pourquoi ?

BELLA
Ça te regarde ?

ISMAIL
Qu'est-ce que tu me veux ?

BELLA
Je te cause. Ça te plaît pas ?

ISMAIL
Si on cause on cause et si on cause tu laisses ton fusil.

BELLA
Celui qui m'aura il est pas encore né.

ISMAIL
Je cherche pas à t'avoir.

BELLA
On dit ça.

ISMAIL
J'ai pas d'arme. T'as pas de raison de te méfier.

BELLA
La méfiance c'est dans la peau. On a trouvé la tête de mon cousin
dans un sac devant la porte de ma maison. Ma famille et la famille
qui est de l'autre côté du champ n'arrêtent pas de se canarder
dessus. Mon grand père mon père mes oncles ça dure depuis bien
avant que je naisse alors tu vois. Et toi.

ISMAIL
Je suis là par hasard.

BELLA
Ce que tu peux dire comme conneries. Dans ce coin-là on se balade
avec des grenades dans la poche par hasard ...

ISMAIL
J'ai pas de grenades dans la poche.

BELLA
Qu'est-ce que j'en sais ?
Si tu avais eu un fusil je t'aurais descendu tout de suite. Tu aurais
payé pour la vieille.

ISMAIL
Comment tu t'appelles ?

BELLA
Ça peut te foutre ? Je m'appelle Bella. Et toi ?

ISMAIL
Ismaïl.

BELLA
C'est un nom à coucher dehors.

ISMAIL
J'ai envie de te revoir.

BELLA
C'est ça beau gosse. Dans trente ans quand ce sera la paix on fera une boum ensemble. Seulement on aura pris des rides je te préviens tout de suite.

ISMAIL
T'es con.

BELLA
Un conseil mec. Disparais d'ici. C'est pas un coin pour toi.

ISMAIL
Pour toi non plus. Juste un coin pour les rats.
On peut se revoir ?

BELLA
On se reverra. Chez les morts ils ont peut-être supprimé les frontières.

ISMAIL
Attends !

Elle disparaît. Il la suit en courant.

SEQUENCE 7

ZACK - LE PETIT VIEUX - LA PETITE VIEILLE

Entre un mort, style G.I. américain, en treillis, couvert de gravats
de poussière de plâtre, de sang.
C'est Zack.

ZACK
J'aurais peut-être pas dû dire le mot cimetière
parce qu'à la minute même ça a fait
un immense bordel un bruit de tous les diables
les murs se sont écroulés sur nous
et on est morts illico.
Cet hôtel avec vue sur la guerre
c'est exactement le genre de bouiboui minable
où je traîne mes guêtres depuis plus de quinze ans.
Tu changes de continent tu passes des zoulous chez les macaques
c'est kif kif.
Les mêmes ventilateurs toujours en panne
les mêmes palmiers à moitié crevés
les mêmes garçons à tête de croque-mort
la même moquette syphilitique les mêmes tronches de mouchard
qui sont là à noter chaque fois que tu pètes ou tu rotes au téléphone.
Hier une bagnole a explosé dans le putain de parking
et leurs toasts dans leur hôtel de nègres
on dirait de l'aluminium.
Il y avait une fortune à faire avec ce type
on est d'accord j'ai dit 10 chars français AMX
pour 4 millions de dollars
3300 pièces de munitions 75 mm et 25 autres AMX
pour 8.750.000 dollars.
A cinq mètres de là le cafteur n° 1 qu'on appelle le lézard
tellement elle est pointue sa langue

penchait à ce point sa chaise pour écouter
que j'attendais qu'il tombe d'une seconde à l'autre.
Tous ces petits morpions qui sucent notre sang
dans ces immondes petits prurits de saloperies de guerres de merde.
Bon. J'avais beau mettre le pyjama local je passais pas inaperçu
vu ma tignasse rousse.
Le type me dit okay pour le paquet de dollars
et qu'il y aura d'autres commandes si le risque politique est écarté.
Tu veux dire qu'ils pourraient être assez cons
pour faire la paix j'ai dit.
Alors ça vu les intérêts c'est carrément pas pensable.
Les italos bricolent les moteurs des blindés
les norvégiens écoulent leurs stocks de dynamite
les allemands leurs soi-disant produits chimiques agricoles
les suisses leurs avions Pilatus
les chinois leurs missiles la France les chars AMX
et je te dis rien des russes et des amerlocks
alors pour arrêter un marché pareil
ça représente 10 milliards de dollars par an mec
on tue pas la poule aux oeufs d'or mec.
Les politiques ils parlent comme ça de cessez le feu
pour se faire reluire à la télé
tous des charlots des lopes des mollusques
des putes prêtes à donner leur cul pour un bulletin de vote
mais arrêter le marché de la guerre
alors ça pas de risque.
J'ai pas peur de demain moi to-morrow manana oh god oh my god
la guerre est l'activité humaine qui a le plus d'avenir mec !
Donc ce type cet espèce d'arabe
venait de me dire que je ne savais pas faire la différence
entre un détonateur et une cocotte minute.
J'ai dit c'est vous qui le dites
je pensais putain de bougnoule
j'ai dit vous m'avez donné des hommes qui ne comprennent rien.
Des babouins illettrés. Je veux dire des bédouins illettrés.
Qu'est-ce que vous voulez que je fasse
de babouins qui ne connaissent ni l'électricité ni la plomberie
ni la mécanique alors pour ce qui est de l'armement électronique.

J'ai dit vos types ils descendent tout droit de leurs chameaux.
Il a dit vous êtes expert en explosifs ou en cacahuètes ?
J'ai dit les vrais experts en explosifs sont ceux
qui se font péter la gueule au travail.
Il a dit on vous paye pour faire péter n'importe quoi
et il paraît que vous êtes foutus de faire exploser
votre propre mère
que vous pourriez fabriquer une bombe
avec de la confiture de fraises.
J'ai dit faut pas exagérer de fraises non.
Il a dit vous êtes foutu de coller une bombe sous un timbre poste
oui ou merde.
J'avais envie de dire merde à ce connard d'arabe.
Tiens-toi je me disais ce con-là a la djellabah cousue de dollars.
J'ai dit je peux pas fabriquer 40 000 litres d'explosifs
juste avec la dernière édition du Coran !
Au mot Coran il a tiqué le bougnoule.
Il a dit faites une liste on vous aura ce que vous voulez.
Même si on doit faire venir un avion spécial des states ou du pôle
nord.
J'ai dit il y a un autre truc.
J'ai beau leur expliquer à vos babouins
ils manipulent les explosifs comme si c'étaient des caisses de
bananes.
Quand on prend des raccourcis avec les bombes ça devient vite
des raccourcis pour le cimetière.
J'aurais peut-être pas dû dire le mot cimetière
parce qu'à la minute même il y a eu un bordel terrible
un bruit des mille diables les murs se sont écroulés sur nous
et on a crevé illico dans un déluge de pierres et un nuage de
poussière
qui nous remplissait la bouche jusqu'au rectum.
L'arabe à l'attaché-case et au parfum de tante
moi et la bande de macaques qui descendaient tout droit de leurs
chameaux
on a tous sauté en l'air la gueule pleine de poussière
putain de paradis d'Allah on peut pas dire que ça soit
tellement différent de la merde d'en-bas.
C'est trop con de mourir comme ça la veille d'un contrat
à se dorer les couilles en or.

On se croirait encore dans le décor merdique
de leurs petits prurits de guerres galopantes ras le bol
maintenant je suis mort je veux changer d'ambiance
je veux des moukères la danse du ventre des anges
de la musique je veux un décor normal
avec de la verdure merde.

Il tombe.
Le petit vieux et la petite vieille reviennent.

LE PETIT VIEUX
Ah. Vous voilà vous. Et en retard sur le programme. Vous commencez mal votre carrière dans l'au-delà jeune homme. Il est écrit "nul ne sait ni le jour ni l'heure" mais ce n'est pas une raison pour être en retard.

LA PETITE VIEILLE
Laisse donc. Tu vois bien qu'il n'entend pas.

LE PETIT VIEUX
C'est normal. C'est le choc. Encore un qui n'est pas habitué à mourir.

ZACK
Qu'est-ce qu'il y a ? Qu'est-ce qui se passe ?

LA PETITE VIEILLE
Tirez le rideau la farce est jouée.

ZACK
Quoi ?

LE PETIT VIEUX
Vous venez de casser votre pipe.

LA PETITE VIEILLE
De lâcher la rampe de dévisser votre billard de fermer votre parapluie …

LE PETIT VIEUX
De rendre votre clé de mettre la table pour les asticots ...
LA PETITE VIEILLE
D'avaler votre bulletin de naissance.

Ils étouffent de rire.

ZACK
Où je suis ?

LA PETITE VIEILLE
Au royaume des taupes.

LE PETIT VIEUX
Chez le tailleur pour l'habit de sapin.
Regarde comme il s'accroche celui-là.

LA PETITE VIEILLE
Plus l'oiseau est vieil moins il veut se défaire de sa plume.

ZACK
Où on est là ?

LA PETITE VIEILLE
Là où personne n'essaiera de prendre votre place.

LE PETIT VIEUX
Ou plutôt vous êtes là où vous ne serez plus.

Ils rient.

ZACK
Vous me foutez la trouille vous deux.

LA PETITE VIEILLE
Eh bien la peur de la mort ne fait pas mourir la mort ...

LE PETIT VIEUX
C'est drôle. Ils croient apprendre à vivre et ils apprennent à mourir
…
Ils commencent à tirer le mort.

LA PETITE VIEILLE
Avec qui as-tu fait ce voyage en Angleterre quand tu avais vingt
ans?

LE PETIT VIEUX
Seul. Je te l'ai dit deux cent mille fois. Seul.

LA PETITE VIEILLE
Je suis une femme très simple mais il y a des choses …

LE PETIT VIEUX
Par exemple ?

LA PETITE VIEILLE
Par exemple l'Angleterre. Tu m'as toujours menti là-dessus. Ce
n'est pourtant pas difficile de dire j'avais vingt ans et j'ai fait un
voyage en Angleterre avec une fille …

Ils sortent en tirant le mort.

SEQUENCE 8

KRIM - ISMAIL   BELLA - YONATHAN

La scène se passe en deux espaces.

1er espace
Krim et Ismaïl assis sur des bidons au milieu des ruines.

2ème espace
Bella et Yonathan crapahutent en silence dans les ruines.

BELLA
Tu retires le chargeur. Me regarde pas comme ça. Tu m'embrouilles.

YONATHAN
Comme ça ?

BELLA
Oui. Ça c'est le couvre-culasse. Tu le dégages comme ça. Fais attention à ce que tu fais. Tu te souviendras de rien.

YONATHAN
Oui.

BELLA
Un. Le chargeur. Deux. Le couvre-culasse. Trois. Culasse mobile et porte-culasse. Continue. Non pas ça. Ah. T'es qu'un gosse toi. Quatre kilos. Cent coups-minute. Chargeur

de trente balles à sept cent dix
mètres-seconde.

YONATHAN
Bon.

BELLA
Attention. Appuie pas là. Fais
gaffe. C'est pas un jouet.

KRIM
Tu veux un joint ?

ISMAIL
Non.

KRIM
Il faut t'y mettre.
On se fait un joint on déconne
on danse avec la radio
on délire tu peux piquer toutes
les bagnoles tu descends qui tu
veux t'es le roi Rambo
Superman c'est ça la guerre
c'est génial.
Et la kalach quand je la tiens
contre moi elle me secoue je suis
comme un cinglé quand tu as tiré
une fois c'est pour la vie le
grand amour tout de suite tu
peux plus t'en passer jamais.
quand elle crache tu trembles de
la tête aux pieds.
KAKA KA KA KA KA KA tu sens
bien que le diable il est pas dans
l'homme il est dans la machine.
Prends celle-là je te dis.
Je te la donne. Ta première
kalachnikov mec.

ISMAIL
Non. J'ai pas besoin.

KRIM
Il est dingue ce mec. Tout le
monde a besoin imbécile.

BELLA
Sur le petit mur là-bas on sera
bien placés.

KRIM
La guerre il y a rien de plus
génial même les filles ça peut
pas être plus génial.
D'ailleurs moi le silence ça
m'angoisse. Quand il y a pas le
bruit des armes j'ai la diarrhée
terrible.
Et les copains c'est la même
chose.

BELLA
Ça s'encrasse vite mais c'est une
belle bête.
Précis jusqu'à 300 mètres.

KRIM
Imagine-toi avec ton casque ton
treillis ton mortier ta lunette de
vision ta kalach.

YONATHAN
Mais pourquoi je tirerais ?

BELLA
Tu t'imagines pas qu'on a passé la
ligne pour rien ?
On a pris des risques pour
traverser ce putain de kilomètre
zéro. Maintenant on va s'en
descendre un ou deux.

YONATHAN
Pourquoi moi ?

BELLA
Joue pas à ça. Tu viens d'en face ne
l'oublie pas. Alors tu fais tes
preuves. Sinon.
Il y a des infiltrés. Il faut se méfier.
Ou tu tires ou je te descends.
Qu'est-ce que tu crois? Que c'est
un jeu peut-être?

ISMAIL
Je suis trop jeune pour tout ça.

KRIM
Si tu étais pas mon pote je
croirais que tu as la trouille.
A ton avis ils ont quel âge en
face ?

BELLA
Vérifie le chargeur.
Le cran de sûreté.
T'énerve pas. C'est dur la
première fois. Après ça va.

ISMAIL
Qu'est-ce qu'elle a dit ta mère
quand elle t'a vu en treillis la
première fois ?

KRIM
Tu sais les mères. J'avais douze
ans. Je me servais mieux de ma
kalach que de ma bite.
Elle m'a giflé "change-toi c'est
pas carnaval". Non, c'est la
guerre j'ai dit. Elle m'a regiflé.
"la guerre tu la feras quand tu
seras un homme et on est pas un
homme à douze ans".
Je m'entraîne en attendant j'ai
dit et elle m'a encore giflé.

"ça commence comme ça et on
sait pas comment ça finit" elle a
dit.

YONATHAN
Et si c'est deux des nôtres ?
Deux des nôtres qui ont passé la
ligne comme nous ?

BELLA
Et si. et si. et si. Tu feras pas
long feu toi. Prépare-toi à tirer
je te dis. Tu apprendras ça : òn
tire avant de réfléchir sinon on
est déjà mort.

KRIM
Si j'attends d'avoir la barbe
pour me battre on sera tous
morts avant j'ai dit.
Elle va pour me filer encore une
gifle. Alors j'ai tiré une rafale
par la fenêtre. Ça l'a fait taire.
Maintenant elle saute de joie
quand je rentre le soir.

BELLA
Cool. Cool. Technique.
Technique. Là. Tu en as un dans
la ligne de mire. Vise et arrête de
réfléchir.

YONATHAN
Je peux pas.

KRIM
C'est pas compliqué tout ça.
Premièrement quand tu te bats
c'est toi ou l'autre alors c'est
simple.

Deuxièmement si tu vois une
ombre suspecte tu tires d'abord
tu tires.

ISMAIL
Et si c'est un ami ?

KRIM
Mieux vaut descendre un ami
que se faire descendre par un
ennemi.

ISMAIL
C'est dingue. Je suis pas dans le
coup.

BELLA
Essaie de ne pas trembler.
Qu'est-ce que tu as ?

YONATHAN
Là en face un des deux c'est mon
copain. Ismaïl. C'est Ismaïl. Je
peux pas tirer sur Ismaïl. C'est
mon pote de toujours.

BELLA
Bon. Tire sur l'autre alors.
Tu le connais l'autre ?

YONATHAN
Je tremble trop. Je peux pas.

BELLA
Respire je te dis. Calme. calme.
Technique. Un bon tueur c'est un
bon technicien.

KRIM
J'ai envie de faire la nouba.

ISMAIL
Bouffer.

KRIM
Goinfrer tu veux dire et faire
l'amour dans des draps de soie.

ISMAIL
Avec des vraies filles dans des
vraies robes.
KRIM
La java.

Ils ébauchent un rock ensemble.

BELLA
On a besoin ni d'infiltrés ni de
dégonflés dis-toi bien ça.

KRIM
Mon pied se fatigue.
La tête me tourne.
je ne sais plus danser.

BELLA
Maintenant c'est bon. Tire.

Il tire.

BELLA
Tu l'as eu. Tu l'as eu.

YONATHAN
Quoi ?

BELLA
Tu l'as eu. Tu es doué.

YONATHAN
C'est pas moi. J'ai rien fait.
C'est le hasard.
J'ai tiré et il est tombé.
C'est le hasard.

ISMAIL
Krim. Krim. Réponds-moi Krim.
Krim. Krim. Ne meurs pas Krim.
Attends ce ne sera rien.

Ce n'est rien. On va aller à
l'hôpital. On te soignera.
Une voiture. Vite. Une voiture.
Krim je suis là. Je suis là.
tu me regardes. Tes yeux Krim.
Une voiture. Il est mort.
Krim réveille-toi. Je suis là.
Krim.
Il est mort.

Un passant s'approche d'Ismaïl

LE PASSANT
C'est vous qui demandiez une
voiture ?

ISMAIL
Vous étiez là. Vous étiez là.
Vous aviez une voiture.
Vous n'avez pas bougé.
Un quart d'heure que vous êtes
là.

*Il prend la kalachnikov et envoie une rafale dans le ventre du
passant qui tombe mort.*

ISMAIL
Krim. Mon premier mort.
Je te le donne celui-là.
Il est pour toi.
Krim. Merde. Merde. Merde.

*Il jette la kalachnikov. Il reste prostré sur le cadavre de Krim.
Apparaissent au fond les silhouettes des deux petits vieux.*

SEQUENCE 9

BELLA - ISMAIL - LE PETIT VIEUX - LA PETITE VIEILLE

BELLA
Tu es encore là toi.

ISMAIL
Je savais que je te retrouverais.

BELLA
Arrête de me tourner autour comme un moustique.

ISMAIL
Mon copain est mort.

BELLA
Ça arrive.

ISMAIL
Oui.

BELLA
Moi aussi ça m'est arrivé.

ISMAIL
Ah.

BELLA
Oui. Il s'appelait Yossif.
C'était pas seulement un copain. Il y a longtemps que j'en ai pas
parlé.

ISMAIL
Parle-moi de lui.

BELLA
Pourquoi je t'en parlerais.

ISMAIL
Parce que moi aussi mon copain est mort.

BELLA
Ça n'a rien à voir. Bon. Si tu veux.
Quand il est parti pour la guerre je me disais ne sois pas si théâtrale
toutes les femmes de ce pays pensent en ce moment les mêmes
conneries que toi et puis ils reviennent.
Un jour je reçois une carte postale. Je suis heureuse de voir son
écriture. Et après le silence le silence.
Je n'arrivais pas à l'imaginer en train de tuer. Tu as tué toi ?

ISMAIL
Mon premier mort c'était pour mon copain.
Le deuxième pour mon petit frère le troisième pour mon père le
quatrième pour ma mère. Après je compte plus mes morts.

BELLA
Oui. Qu'est-ce que je disais ?

ISMAIL
Le silence.

BELLA
J'écrivais tous les jours pas de réponse. Et un vendredi deux
hommes en civil sur le palier. J'ai mis ma main dans la bouche et je
l'ai mordue. Il était mort le 4 février et déjà enterré depuis deux
jours. Je n'ai pas pleuré. On m'a donné de l'eau et je regardais dans
ma main le verre qui tremblait.

ISMAIL
Et après ?

BELLA
C'est après que c'est difficile. Le soir même j'ai demandé à un copain sors-moi. Il faut que je sorte. On a marché dans la ville. C'était le couvre-feu. J'avais envie de dire "prends-moi dans tes bras. Touche-moi." J'osais pas. Il aurait pas compris. Je n'aime pas que tu me regardes quand je parle de ça.

ISMAIL
Il fait presque noir. Je ne te vois pas. Continue.

BELLA
Quand j'ai revu une de mes amies d'enfance veuve de guerre depuis six ans j'ai eu envie de hurler. Je me suis juré que je ne serais jamais comme elle. Je ne suis pas un monument historique. J'en connais qui sont devenues folles. Alors vite pas de deuil. Mes robes mes maquillages mes bijoux. La douleur qui est au fond ça ne regarde personne. Chaque nuit je rêve que je suis morte. Ça aide.

ISMAIL
Prends-moi dans tes bras.

BELLA
Tu n'as jamais touché une femme toi.

ISMAIL
Non jamais.

BELLA
C'est drôle. J'ai toujours eu des problèmes très simples qui devenaient compliqués à force de ne pas les résoudre. Des problèmes d'amour de tendresse tous ces machins-là. Je voudrais une bonne dose de sexe qui me fasse oublier tout ça.

ISMAIL
C'est facile. Embrasse-moi.

Ils s'embrassent.

BELLA
Et maintenant va-t-en.

ISMAIL
Pourquoi je veux...

BELLA
Je sais ce que tu veux. File.

ISMAIL
Je n'ai jamais couché avec une femme. J'ai tiré cinq mille roquettes mais je n'ai jamais couché avec une femme. J'ai vécu. J'ai tout vécu à part les femmes.

BELLA
"Quand l'hiver est froid les porcs-épics cherchent un peu de chaleur en se serrant les uns contre les autres mais les piquants de chacun s'enfoncent dans les chairs de l'autre et les déchirent. Les porcs-épics s'écartent alors les uns des autres et sont à nouveau saisis par le froid."
C'est comme ça que ça se passe entre un type de ton bord et une fille de mon camp.
File. Je compte jusqu'à trois puis je tire.

ISMAIL
Tu feras pas ça.

BELLA
Un.

ISMAIL
Tire je m'en fous.

BELLA
Deux.

ISMAIL
Salope.

BELLA
Trois.

Il disparaît en courant.
Elle tire en l'air. Puis sort.

Passage des petits vieux.

LE PETIT VIEUX
C'est encore un jeune ?

LA PETITE VIEILLE
Qu'est-ce que ça peut te faire ?
Tu n'avais qu'à lire l'ordre de mission.
35 ans six enfants. Sans qualification professionnelle.

LE PETIT VIEUX
Encore des orphelins.

LA PETITE VIEILLE
La mère est vivante.

LE PETIT VIEUX
Encore une veuve.

LA PETITE VIEILLE
Il y a des inconvénients à tout.

LE PETIT VIEUX
Celui-là en tous cas il est poli.
Juste à l'heure pour mourir.

SEQUENCE 10

LE MORT - LE PETIT VIEUX - LA PETITE VIEILLE

Un mort couvert de boue de la tête aux pieds surgit tout droit lentement du sol. Il a du mal à parler. Il doit d'abord cracher de la terre – il en a plein la bouche – enlever la terre de ses yeux de son nez de ses oreilles.

LE MORT COUVERT DE BOUE
Salam Aleïkoum.
Je suis mort hier. Ils m'ont enterré vivant.
J'ai vécu dans le désert j'ai vadrouillé du Hoggar au Tibesti.
J'ai connu avec mon père les tempêtes de sable dans le Ténéré.
Un jour j'ai enterré mon gosse dans un sac marqué "farine de blé.
Cadeau de la République Fédérale Allemande."
J'ai porté son corps mort pendant des jours et des jours
je cherchais une ville je pensais
peut-être les hôpitaux font des miracles en ville
mais mon fils était mort et déjà desséché entre mes bras.
Je l'ai enveloppé dans ce sac de farine allemande
et je l'ai enterré au milieu d'autres morts inconnus
et j'ai marqué la tombe avec une vieille pièce de voiture un arbre à
came. Il n'y a pas de bois dans le désert pour marquer les tombes.
Tout est craquelé là-bas. La terre est craquelée.
Les seins des femmes sont vides et craquelés.
Et partout ces gens qui errent sur les pistes
ces épidémies.
Et le désert on dit qu'il est vivant
qu'il avale cinq kilomètres par jour.
J'ai voulu partir de cet endroit où les cadavres sont comme des
bornes au bord des pistes.
Il fallait trouver de l'argent pour nourrir mes six gosses.

J'ai passé beaucoup de frontières la nuit
avec une petite valise sur la tête.
Allez savoir comment je me suis retrouvé là.
On m'a embauché comme manoeuvre.
Je ne suis pas militaire j'ai six enfants
et leur guerre ne me regarde pas. Je n'y comprends rien à leur
guerre.
Et c'est pas mon affaire.
Au moment qu'ils devaient payer mes six mois
à la fin de mon contrat la police est arrivée chez moi ils m'ont dit "tu
as le choix. Ou bien
l'extradition et tu rentres chez toi sans un sou
ou bien
tu vas au front juste trois petits mois
et tu toucheras ta paye ensuite."
Je ne pouvais pas revenir sans un sou
ma femme m'aurait mis à la porte.
Alors je suis parti à leur front faire leur guerre
je ne savais pas tenir un fusil.
J'ai fait un voyage en camion sans savoir où on allait.
On m'a dit pas d'importance. Tu tires en face
un point c'est tout.
On était cinquante dans mon unité comme ça
à être là pour qu'ils payent nos contrats
réparateurs électriciens plombiers manoeuvres.
Ils avaient ramassé nos passeports.
Un jour ceux d'en face nous ont fait prisonniers.
Ils rigolaient.
Ils pouvaient pas nous croire on disait
qu'on était là par hasard
qu'on y connaissait rien à cette guerre
qu'on était là juste pour toucher la paye des contrats.
Les autres en face ils rigolaient ils pouvaient pas croire ça
ils nous ont matraqués
et bourré les côtes de coups de pieds
et allongés à moitié K.O. les uns à côté des autres
le visage contre terre.
Pendant ce temps un bulldozer bloquait le village

avec un tas de cailloux pour que les gens ne voient pas
ce qu'ils allaient nous faire.
En quelques secondes j'ai tout revu
les chameaux les dattiers les caravanes
les yeux des touaregs le Hoggar le Tibesti
mon grand-père seul face à un carré de baïonnettes françaises
et le cimetière du désert
je n'aurai même pas un arbre à came sur ma tombe.
Le bulldozer fonçait sur nous
il déversait du sable et du sable et du sable
et j'ai senti que c'était fini
un type criait écrase-les écrase-les
le bull fonçait sur nous ceux qui criaient
mouraient étouffés
du sable plein la bouche.
Ceux qui fuyaient étaient fauchés par les dents de l'engin
ceux qui restaient immobiles de terreur
étaient écrasés et soulevés et retournés
avec la terre comme une racine qu'on plante
et voilà qui nous apprendra à défendre la terre des autres
elle nous est retombée dessus la terre.

Il tombe harassé et ne bouge plus.

LE PETIT VIEUX
Il est trop lourd pour qu'on le soulève.
Allons faites un effort. Levez-vous.

LE MORT
Où suis-je ?

LE PETIT VIEUX
C'est agaçant. Ils disent tous la même chose.

LA PETITE VIEILLE
Qu'est-ce que tu veux. Il n'y a pas de métier sans routine.

LE MORT
Où suis-je ?

LA PETITE VIEILLE
Oh là là toujours se répéter. Royaume des taupes habit de sapin ...

LE PETIT VIEUX
C'est drôle. Ils croient apprendre à vivre ...

LA PETITE VIEILLE
Ça aussi tu l'as déjà dit.

Ils sortent en traînant tant bien que mal le mort.

SEQUENCE 11

ISMAIL - BELLA

BELLA
Enroule-toi dans mon odeur. Je suis bien.

ISMAIL
Ton sein gauche est fait pour ma main droite.

BELLA
Je suis enceinte Ismaïl.

ISMAIL
Tu crois que c'est le moment.

BELLA
On ne choisit pas le moment.
Je suis allée au cimetière où il y a toute ma famille
et j'ai dit vous les morts écoutez-moi et donnez-moi un fils.
Ils m'ont écoutée.

ISMAIL
Aujourd'hui j'ai tué.

BELLA
Justement. Qu'ils se démerdent avec leur guerre. Les chats bouffent
les rats. Je ne me sens ni chat ni rat.

ISMAIL
Tais-toi idiote. Ça te portera malheur.
Fais-le sauter.

On n'accouche pas au milieu des bombes. Tes seins sont trop petits.
Tu n'auras pas de lait.

BELLA
Non.
Plus tard il dira
qu'est-ce que vous avez fait des parfums de la musique du lilas.
Autrefois tout le quartier sentait le lilas.
Aujourd'hui plus un arbre.
Et qu'est-ce que je répondrai ?

ISMAIL
Tu répondras rien parce que tu vas le faire sauter.

BELLA
Tu es un homme. Tu comprends rien. Même pas un homme un sale
gosse. Pour trouver quelque chose qui ressemble à de la joie je n'ai
eu que mon ventre. Toi ça t'arrangerait si elle durait tout le temps
la guerre. Pas vrai.

ISMAIL
Ça m'arrangerait que tu la fermes.

BELLA
N'approche pas.

ISMAIL
J'ai envie.

BELLA
Tu crois que c'est une raison suffisante.
Ne me regarde pas comme ça. J'aime pas qu'on me regarde.

ISMAIL
Viens là dans le noir.
Personne te verra.

Ils sortent.

SEQUENCE 12

MAMAN POULE - LE MORT COUVERT D'ALGUES ET DE KEROSENE -
LE PETIT VIEUX - LA PETITE VIEILLE

MAMAN POULE
Je savais semer bêcher –ne fait pas pousser l'avoine qui veut– et
aussi –mon homme était cordonnier– débourrer un beau cuir et
l'écharner et préparer le tan avec l'écorce.
Quand le patron est tombé impuissant après notre quatorzième j'ai
été bien déçue.
On avait bien réussi notre affaire jusque-là :
deux gars une fille deux gars une fille
comme les mailles d'un tricot.
Ça nous a fait juste dix garçons et quatre filles.
J'avais tout le temps du lait.
Dans le village ils m'appelaient quatorze mamelles
et j'en étais fière.
Je voulais que mes garçons se fassent moines
A eux les biens de tout le monde le four les fermes le pressoir le cens
la dîme et les vergers et pansus et lardus et bien confits dans leur
couvent. Sauf deux que j'aurais gardés pour les marier. Les filles
aussi je les aurais mariées.
On a enterré mon homme dans le carré de Dieu.
C'est la place des pauvres près de l'église.
Et il a fallu ce malheur cette folie de Jérusalem
Adieu couvents de mes fils adieu maris de mes filles.
Quelle folie de faire des projets sur ses enfants.
Marcher marcher marcher.
J'avais peur d'arriver à la mer.
Ils disaient qu'elle s'ouvrirait comme autrefois

devant Moïse.
Et que nous marcherions à sec entre deux murailles d'eau
suspendue.
Eh bien vous ne me croirez pas la mer ne s'est pas ouverte !
Il a fallu faire le tour de cette mer qui n'en finit pas.
Dieu nous éprouve a dit Etienne c'est preuve qu'il nous aime.
Ça pour nous aimer il nous a bien aimés.
Ça fait huit cents ans que je marche.
Une plume. Et si c'était le poids d'une plume
qui casse le dos de l'âne quand il est fatigué ?
Je suis au bout de moi avant d'être au bout du chemin.
Je n'ai plus de souliers je n'ai même plus de pieds.

Entre un mort couvert d'algues et de kérosène. Ses habits sont
trempés. Son visage est bleu.

LE MORT
Notre bateau a été torpillé par un exocet.

MAMAN-POULE
Le charabia qui recommence.

LE MORT
Le pétrolier éventré en un rien de temps.
La coque vibre et résonne comme une cloche.
Les hauts-parleurs gueulent. Tout se renverse à bord.
Le feu prend dans la salle des machines
on se jette à plat-ventre
les extincteurs ne marchent pas.
Une fumée âcre envahit tout. Mes mains se sont mises à trembler.
On dérive cloué sur cette épave depuis des mois.
J'ai des vertiges et des douleurs au fond des os.
L'eau rationnée –deux seaux par jour pour vingt hommes–
j'ai tellement soif que ma langue est fissurée
on suffoque à cause des vapeurs de pétrole
on vomit plusieurs fois par nuit on est des rats malades
il fait 46 degrés à bord le jour et presque autant la nuit.

MAMAN-POULE
Qu'est-ce que tu veux toi. Comment tu t'appelles d'abord ?

LE MORT
Mon nom n'a pas d'importance je suis un rebut un déchet.
Chez moi on nous appelle intouchables.
J'ai toujours vécu dans des loques dormi dans du fumier
avec des mendiants du vomi et des charognes.
Même notre ombre souille celui qu'elle touche.
Notre faute est d'être nés intouchables.
Nous n'avons droit qu'aux peaux de bêtes mortes
pour les dépecer les racler étaler de la chaux vive à la main
les essorer les coudre les sécher pour en faire des chaussures.
Mon corps devenait de feu à force de malaxer la chaux vive.
Ma mère est devenue folle une nuit de mousson
elle s'est giflée plusieurs fois violemment
elle s'est mis de la bouse de vache dans les cheveux
elle s'est mise à rire à rire
elle ne s'est plus arrêtée de rire jusqu'à sa mort.
Je suis parti à pied ma vie entière partait en pourriture.
J'ai embarqué clandestin sur un bateau qui partait pour le golfe.
Quel golfe. Les gens disaient toujours le golfe.
C'est un gosse qui nous a descendus. Un kamikaze
sur un bateau en plastique pour que les radars ne le repèrent pas.
Le gosse la barque et le pétrolier explosent en même temps.

Le mort tombe raide.
Le petit vieux entre.

LE PETIT VIEUX
C'est un bavard celui-là.

LA PETITE VIEILLE *entre*
Pas plus bavard que les autres.

LE PETIT VIEUX
C'est le seul que j'écoute.

MAMAN POULE
Exocet Kamikase je n'y comprends rien.

LA PETITE VIEILLE
Où étais-tu passé nous avons du travail.

LE PETIT VIEUX
Mais c'est toi qui es en retard.
Quelquefois je t'avouerai j'ai envie de démissionner.
Tous ces morts. Ça se répète.

LA PETITE VIEILLE
N'oublie pas que nous avons la chance d'avoir un job.
Alors que la plupart subissent l'ennui éternel ...

Ils sortent en tirant le mort.

SEQUENCE 13

BELLA - ISMAIL - LA PETITE VIEILLE - LE PETIT VIEUX

Bella est enceinte de neuf mois.

ISMAIL
Le plus beau c'est quand tu allumes une bagnole comme au cinoche.
La bagnole fonce tu sens l'angoisse des mecs
dans leur cercueil roulant c'est magnifique
là au milieu de ce désert avec la chaleur
qui fait danser les objets. La bagnole a une chance sur dix de passer.
On la braque avec plusieurs fusils. Le chauffeur donne des coups de
volant à droite et à gauche. La bagnole elle est saoule elle se
rapproche. Je vois le chauffeur dans mon viseur. Je fais la mise au
point. Le coup part. Elle dérape. Elle finit contre un bloc de béton.
Elle explose dans une giclée de flammes. Quatre fantômes en feu
courent dans tous les sens. Ils s'écroulent. C'est fini.

BELLA
Tu es devenu un tueur. Ça me dégoûte.

ISMAIL
Appelle ça comme tu voudras.

BELLA
Tu as le coeur aussi creux que la tête.

ISMAIL
Pas tout à fait. La guerre m'a appris des choses.

BELLA
Quoi par exemple ?

ISMAIL
A me défendre. Une femme étend son linge de l'autre côté de la
ligne. Je tire. Tout ce qui bouge c'est l'ennemi.

Bella crache par terre.

BELLA
Je ne te crache pas au visage
parce que tu es peut-être le père de ce que j'ai dans le ventre.

ISMAIL
Peut-être ?

BELLA
Qu'est-ce que tu crois ?
Depuis que Yossif est mort il m'a fallu beaucoup d'hommes pour en
oublier un seul.

ISMAIL
Tu es une pute.

BELLA
Appelle ça comme tu voudras.

ISMAIL
Barre-toi.

BELLA
Qu'est-ce que ça peut te foutre avec qui je couche. Tu ne m'aimes
pas.

ISMAIL
Si. Tu es la seule femme que j'ai touchée.

BELLA
Alors écoute bien ça : tout homme qui est amoureux de moi est un imbécile parce qu'il aime une salope et une bonne à rien.

ISMAIL
Barre-toi. Putain barre-toi. Avant que je tire.

BELLA
Tire. Ça prouvera que tu as des couilles.

ISMAIL
Je peux pas.

BELLA
Le tueur se dégonfle.

ISMAIL
J'ai envie de faire l'amour.

BELLA
Plus jamais tu entends ? Trop de sang des miens sur ta peau.

ISMAIL
Tu n'as pas toujours été si dégoûtée.

BELLA
Tu n'as pas toujours été un assassin.

ISMAIL
C'est la guerre c'est pas moi…

BELLA
Tu dirais la même chose pour un d'en face qui aurait tué par exemple ton copain ?

ISMAIL
Où tu veux en venir ?

BELLA
Tu te souviens le jour où Krim a été descendu.

ISMAIL
Je suis pas sénile. J'ai de la mémoire.

BELLA
Il a été descendu par les balles d'un M16 dans ce quartier.

ISMAIL
Où tu veux en venir ?

BELLA
Et juste après tu as descendu un type qui avait réagi trop tard pour te filer sa bagnole.

ISMAIL
Comment tu sais ça ?

BELLA
J'étais là. J'ai tout vu.

ISMAIL
On peut savoir ce que tu foutais par là.

BELLA
Justement. J'ai pas seulement tout vu. J'étais avec un type.
Il fallait qu'il fasse ses preuves. Il venait de votre quartier.
C'est moi qui l'ai forcé à tuer Krim.

ISMAIL
Non.

BELLA
Si. Et ce type c'est ton copain Yonathan.

*Ismaïl tire sur elle. Elle tombe. Elle est couverte de sang.
Bella morte se relève.*

BELLA
J'essaie de ressouder des morceaux de mon visage.
Je le masse. Il a l'air intact.
En réalité il est fêlé. Il n'est plus là. Ce n'est plus mon visage je l'ai
perdu. Je suis morte.
Plus d'essence plus d'électricité plus de courrier plus d'avions
plus de trains. La vie reculait de cinq siècles mais moi
pendant ces neuf mois
j'avançais à contre courant. Je mesurais le temps dans mon ventre
pauvre folle que je suis. Pauvre cinglée.
Toi dans mon ventre tu étais prêt la tête où il fallait
et dans ma tête à moi
c'était l'été.
Moi qui suis toujours moins femme que les autres femmes
enfin je m'arrondissais enfin je me sentais
la plus femme des femmes. Pauvre idiote.
Je t'avais fait. Tu étais là.
Tous aux abris. Et mon ventre le meilleur des abris.
Et contre moi chaque soir ces hommes tout nus
que la guerre réveillait.
Et toi tu étais prêt enfin fini.
J'ai mal au sexe. Mon sexe allait s'ouvrir.
Je le sentais déjà il était temps qu'on se sépare.
C'est le vide absolu dans ma tête.
Un rideau de fer coupe ma tête en deux.
Le cerveau comme une hélice d'avion qui déchiquette du brouillard.
Je sentais qu'on allait se séparer toi et moi
je sentais monter le lait
la perte des eaux se préparait dans mon ventre
je voulais que tu sortes
que tu laisses en moi une petite trace
comme un couteau sur l'écorce d'un arbre.
Tu ne bouges plus. Il ne bouge plus.
Il n'est pas trop tard.
Je t'en prie fais un effort.
Quelques minutes après ma mort il vivait encore.
Il n'est pas trop tard.
Un enfant peut naître d'une morte.

Coupe-moi en deux.
Ouvre-moi le ventre en deux.
Qu'il sorte.
Je t'en prie.
Ne le laisse pas pourrir à l'intérieur de mon cadavre.

Elle tombe épuisée et se fige.

ISMAIL
Bella !

LE PETIT VIEUX
Quel gâchis. S'il avait attendu ne serait-ce qu'une heure cet enfant
serait né.

LA PETITE VIEILLE
Eh bien il a eu raison de ne pas attendre. Cet enfant sera mieux
chez nous que chez eux.

LE PETIT VIEUX
Tout de même. Mourir sans avoir vu Venise …

LA PETITE VIEILLE
Toi et ta philosophie de hall de gare.
J'aurais tellement aimé voyager. Si tu n'avais pas été allergique
aux valises nous serions allés partout.

LE PETIT VIEUX
C'est toi qui dis ça. Toi qui as peur des serpents des araignées des
souris des chats des rats des dentistes des médecins du sang …

LA PETITE VIEILLE
Voir les troglodytes des régions inconnues d'Afrique. Les pygmées..

LE PETIT VIEUX
Il n'y en a plus.

LA PETITE VIEILLE
Avancer vers l'ouest tout le jour à dos de chameau. Dormir sur des
nattes dans des cases de bambou. Marcher dans la boue des marais
à travers des nuages d'insectes et des rugissements de lions et dans
une insoutenable odeur de vase crever son parapluie sous la
violence des orages tropicaux …

LE PETIT VIEUX
Toi qui ne supportes ni l'humidité ni l'odeur d'antimites …

LA PETITE VIEILLE
J'aurais aimé visiter l'espace. Voir de près tous ces soleils ces
planètes ces étoiles ces galaxies …
Crois-tu qu'on construira un jour des cathédrales sur la lune ?

LE PETIT VIEUX
Tu t'intéresses à la lune et tu ne t'intéresses pas à moi.

LA PETITE VIEILLE
Ce n'est tout de même pas comparable.

LE PETIT VIEUX
Donne-moi la main.

LA PETITE VIEILLE
Tu es assez grand pour marcher tout seul à présent.

LE PETIT VIEUX
Ne me lâche pas. tu vas trop vite. Tout va trop vite. Ne me laisse
pas. Le ciel est d'un bleu insoutenable. Le bruit est insoutenable …
L'horizon …

LA PETITE VIEILLE
Ce n'est rien. Un petit incendie de guérilla.

LE PETIT VIEUX
Tu vas trop vite.

LA PETITE VIEILLE
Dépêche-toi. Toujours te traîner ça fatigue à la fin.

Elle sort.

LE PETIT VIEUX
Où es-tu ?
Il ne fallait pas lâcher ma main.
Où vas-tu si vite ? Pourquoi courir ? Nous avons tout notre temps ...
Je n'aurais pas dû te laisser partir. Tu auras peur toute seule.
J'ai oublié mon nom.
Ça reviendra. Je n'ai pas perdu la mémoire la preuve : je me
souviens quand nous faisions l'amour tu te grattais tout le temps.
A quoi bon se souvenir tout seul.
La nuit est tout à fait tombée.
Je me souviens aussi de notre premier soir et du second soir et de
tous les soirs qui ont suivi... Où es-tu ?
Tant pis pour toi si je t'oublie ...
Il ne fallait pas lâcher ma main.
Je referai ma vie. Oui parfaitement. Le monde est neuf chaque
matin. J'irai au bordel. Oui parfaitement au bordel. Je forniquerai.
Est-ce que c'est le soleil ou encore ces incendies.
Bientôt les ramasseurs de poubelles vont passer.
Sans toi ici c'est con comme la mort.
Je te retrouverai. J'ai tout mon temps.
Depuis qu'on est morts il y a déjà eu des feuilles nouvelles et des
portées de chatons qui ont eu des chatons à leur tour et des maisons
construites et des bébés et des cercueils en suffisance.
Je te retrouverai.
J'ai trébuché et tu ne m'as pas attendu.
Il y a deux façons de vivre : l'ordinaire et l'extraordinaire.
Sans toi ce sera l'ordinaire mais ça ne durera pas.
Je ne sais plus mon nom mais je me souviens de ton odeur ...

Le petit vieux sort.
Le cadavre de Bella a entre temps disparu mystérieusement.

Noir rapide.

SEQUENCE 14

ISMAIL - YONATHAN - LES PETITS VIEUX

Yonathan entre. Il est aveugle. Ismaïl a une jambe entourée de chiffons sales. Il ne peut marcher que sur une jambe.

ISMAIL
Yonathan !

YONATHAN
Ismaïl. C'est toi ? C'est ta voix. Ismaïl.

ISMAIL
Non. Par là. Attention. Le terrain est bourré de mines.
Qu'est-ce que tu fais ? Pas par là.
Tu ne vois pas les mines ?

YONATHAN
Je suis aveugle.

ISMAIL
Qu'est-ce que tu dis ?

YONATHAN
Ça m'a ébloui. Un milliard de soleils.
Une bombe au phosphore.
Mes paupières ont fondu. Elles sont collées. Je suis aveugle.

ISMAIL
Attention. Ne bouge plus. Là. A côté de toi. Une mine.

YONATHAN
Viens me chercher.

ISMAIL
Ne bouge plus du tout. Arrête. Tu vas te faire sauter.
Tu es à quelques centimètres d'une mine.
Sur la gauche.

YONATHAN
Viens me chercher.

ISMAIL
Facile à dire. Je n'arrive pas à bouger.
Je suis pratiquement mort. J'ai perdu une jambe.
Et la moitié de mon sang.
Ensuite ça a gonflé c'est devenu tout noir. J'ai tout enveloppé de
chiffons. Ça a fait du pus.
Non malheureux. Yonathan ! Pas par là ! A gauche ! J'ai dit à
gauche !

YONATHAN
A ma gauche ou à ta gauche ?
On doit être face à face. Et ma gauche c'est ta droite.

ISMAIL
A ta droite alors. Non. Ne bouge plus. Stop.
Tu es sourd ou quoi.

YONATHAN
A ma droite ou à ta droite. je n'y comprends plus rien.

ISMAIL
A ta droite.

YONATHAN
Comme ça ? là ? Est-ce que je vais vers toi là ?

ISMAIL
Oui. Ne dévie pas d'un poil.

YONATHAN
J'ai peur de tomber.
Ça va toujours ? Pas de mines là ?

ISMAIL
Non. Avance tout droit.

Ils se rejoignent. Ils s'étreignent.

ISMAIL
Yonathan.

YONATHAN
Ismaïl.

ISMAIL
J'ai cru que c'était foutu. Qu'on ne se reverrait jamais.

YONATHAN
Tu es maigre.

ISMAIL
Pas plus que toi.

YONATHAN
Tu es lourd pourtant.

ISMAIL
Non. Léger comme quelqu'un qui n'a pas bouffé depuis huit jours.

YONATHAN
Plus lourd qu'une caisse de munitions.
Si tu ne manges plus il y a des mois que tu n'as pas chié.

ISMAIL
Le bruit me donne la diarrhée. Mais les fumées me constipent.
Faut croire que la merde repasse dans mon sang et me nourrit une
seconde fois sinon j'aurais déjà crevé de faim.
Comment c'est arrivé pour tes yeux ?

YONATHAN
J'ai passé la ligne de démarcation deux fois.
La première fois on a perdu mais j'ai gardé mes yeux.
Le seconde fois on a gagné mais j'ai perdu mes yeux.

ISMAIL
Tu as changé.

YONATHAN
Toi aussi.
On est comme deux vieux. Moi j'ai tout vécu sauf l'amour.

ISMAIL
Tant mieux pour toi. L'amour c'est ce qu'il y a de pire.

YONATHAN
Qu'est-ce que tu veux dire ? Raconte.

ISMAIL
Non. Parlons d'autre chose. Ta mère.

YONATHAN
Morte. La tienne ?

ISMAIL
Aussi. Parlons d'autre chose.

YONATHAN
De quoi ?

ISMAIL
De nous.

YONATHAN
Rien à dire. A part la guerre.

ISMAIL
Moi c'est pareil.

YONATHAN
Qu'est-ce qui s'est passé Ismaïl ?

ISMAIL
Rien. Il ne s'est rien passé.

Ils se jettent dans les bras l'un de l'autre.
Ismaïl se sépare brusquement.

ISMAIL
Il ne faut pas. Nous sommes ennemis.

YONATHAN
Non.

ISMAIL
Tu es passé de l'autre côté.

YONATHAN
Oui. Mais.

ISMAIL
Tu es un ennemi.

YONATHAN
Si tu veux.

ISMAIL
Un ennemi.

YONATHAN
Pas ton ennemi à toi.

ISMAIL
Un ennemi des miens c'est un ennemi.

YONATHAN
Ismaïl.

ISMAIL
C'est comme ça. Tu as choisi.

YONATHAN
Je ne suis pas ton ennemi.

ISMAIL
Tu es dans l'autre camp.

YONATHAN
Si tu veux.

ISMAIL
Va-t-en.

YONATHAN
Tu veux que je traverse de nouveau ce champ de mines ?

ISMAIL
Il le faut. Les ennemis c'est chez toi.
Et les ennemis c'est l'autre côté du champ de mines.

YONATHAN
Guide-moi.

Ismaïl prend sa kalachnikov et vise Yonathan. Un temps comme s'il hésitait.

ISMAIL
Voilà. C'est ça. Avance tout droit.

Il tire. Yonathan s'écroule.

Yonathan mort se relève et parle.

YONATHAN
Ils sont venus me chercher. Ils ne m'ont pas laissé le choix.
Ou bien tu es avec nous ou bien on te désarme.

Me désarmer c'est me tuer. J'ai dit d'accord.
Je voulais me tenir loin un peu à l'écart.
Les rues étaient barrées par les jeeps montées de canons.
Le quartier était bouclé on dominait les maisons
depuis l'autoroute.
Sur chaque colline des armes lourdes.
Ils étaient faits comme des rats.
Les gens en bas attendaient le massacre.
Trois jours ils ont attendu comme ça que le massacre commence.
On a pilonné des tonnes de bombes.
La consigne : liquider. Liquider tout le monde.
On a tué de toutes les manières.
M 16 kalach grenades mitrailleuses légères MPK
lance-roquettes anti-char qu'on jetait sur les gens
mortiers de 52 orgues de Staline armes blanches
et même la pierre que tu fais tourner au bout de la ficelle au-dessus
de la tête. On a tué à mains nues.
Tu dénuques un homme tu casses des colonnes vertébrales tu
étrangles avec un fil de nylon tu enfonces un poignard dans les seins
tu paralyses avec une aiguille dans la nuque
tu vises les artères avec ton poignard
et la carotide et sous la clavicule et bien sûr au coeur.
la mort arrive entre 10 secondes et trois minutes.
Il y a des coups qui payent les yeux le sexe.
Les yeux c'est fastoche. Le sexe c'est coriace.
Le type il sent une putain de jouissance quand tu traverses
la bite avec le poignard.
Pas beau à voir.
Ce qu'il y a de plus difficile à faire c'est d'égorger un homme vivant.
Tu dois tuer à tous les coups et si possible par derrière.
L'héroïsme est inutile.
On a piégé des voitures des portes des paquets de cigarettes
des jerrycans bourrés de TNT on a tiré tiré tiré
même les enfants parce que ça grandit et un jour
ça te tire dans le dos.
Des hélicoptères larguaient des grappes de missiles
le camp brûlait les vignes sur des kilomètres de collines
brûlaient les murs de pierre explosaient.

Plus que 48 heures pour en finir des bombes des explosions de la
bouillie humaine.
Tenir tenir aller plus loin jusqu'au bout
des gamins se jetaient par grappes sous les chars
ils étaient fauchés par groupes entiers
d'autres allumés au lance-flammes
des torches vivantes qui couraient encore sur cent mètres.
Gagner une seconde sur la vie.
Du sang plein les mains les fringues les yeux les murs.
Egorger égorger égorger.
TCHAF ! L'autre tombe tu l'enjambes tu ne vois plus rien
tu avances un cadavre te tombe dessus explose en morceaux
déchiqueté et t'éclabousse une douche de sang.
A chaque pas des enfants en morceaux des bébés au crâne ouvert
des femmes éventrées qui tiennent leur enfant
tu es comme une bête c'est eux ou toi
tirer sur tout ce qui bouge un gosse un chat un copain.
Tirer tirer tirer sauver ta peau tirer tirer tirer tirer.

Il tombe et ne bouge plus.

Le petit vieux et la petite vieille se retrouvent face à face.

LE PETIT VIEUX
C'est toi. Je le savais.
Je n'ai jamais cru que tu étais vraiment partie. Jamais.
Tu es belle. Tu es plus belle que les cinq preuves de l'existence de
Dieu. Tu es la preuve de l'existence de Dieu.

LA PETITE VIEILLE
Nous pataugeons dans la boue et le sang et toi tu tournes des
compliments ...
LE PETIT VIEUX
Je suis la soif tu es la source ...

LA PETITE VIEILLE
Ecoute. Il y a de la révolution dans l'air et sans doute de la guerre
de religion. Je ne sais plus qui a abdiqué il y a une junte un coup

d'état bref on serait mûrs pour une révolution peut-être même
prolétarienne enfin tout ça a l'air gravissime. Autant dire une
guerre civile qui tourne à la guerre mondiale en plus compliqué
mais je n'en sais pas plus et toi tu as mis ton pantalon en loques ...

LE PETIT VIEUX
Quand ça va mal ils disent fatalité et quand ça va bien ils disent
politique.
En réalité tout est hasard sauf l'amour.

LA PETITE VIEILLE
A quoi ça sert de parler pour dire des bêtises ...

LE PETIT VIEUX
Je commence à être fatigué.

LA PETITE VIEILLE
On a eu beaucoup de travail ces temps-ci.

LE PETIT VIEUX
Je crois que j'ai maigri. Le jour de notre mariage on ne faisait pas
cent kilos à nous deux tu te souviens ...

SEQUENCE 15

YONATHAN - ISMAIL - LES PETITS VIEUX - MAMAN POULE -
ZACK - LE MORT COUVERT D'ALGUES - BELLA

Maman poule entre. Elle voit les ruines pour la première fois.

MAMAN POULE
Ne me dites pas que c'est Jérusalem.
Ça ne peut pas être Jérusalem.
Etienne disait que Jérusalem était un grain de beauté sur la face du
monde.

ISMAIL
J'ai mal.

MAMAN POULE
Tu as mal ?
Moi aussi. C'est une habitude.
Tu veux que je te chante quelque chose ?
Pour toi. Je ne chante jamais. Mais pour toi ? Bon.
Comme tu voudras.
Je connais les herbes qui guérissent mais là.
Pas une seule plante dans toute la pierraille de ces ruines.
Fais voir ça. Ça a l'air vilain.

ISMAIL
Ma jambe.

MAMAN POULE
Eh bien oui ta jambe.

Il n'en reste pas grand chose. Elle est restée à la guerre
ta jambe.

*Elle s'approche d'Ismaïl. Il prend sa kalach et tient maman poule en
joue.*

ISMAIL
N'approchez pas.

MAMAN POULE
Qu'est-ce que c'est que ce pays où les enfants sont vieux.
Lâche ce fusil. Ne sois pas imbécile.
Aucune bête n'est si bête que toi.

LE PETIT VIEUX *(à la petite vieille)*
Maintenant il va mourir.

LA PETITE VIEILLE
C'est la vie.

LE PETIT VIEUX
Parfois on se laisse émouvoir. On voudrait je ne sais pas suspendre
différer laisser encore un instant.

LA PETITE VIEILLE
Un instant de plus un instant de moins.

LE PETIT VIEUX
Ça change tout.
Pour moi mourir une minute avant de te connaître c'était une vie
blanche. Tandis qu'une minute après. Même une seule minute.

ISMAIL
Après tout ça m'est égal.

Il lâche sa kalachnikov.

J'ai mal.

Je pue. Mon corps est une bûche pourrie.
Des mois que je ne me suis pas lavé.
Et vous vous sortez de ma fièvre.
Vous n'existez pas.

Il se donne plusieurs gifles.

Je vous vois toujours.

MAMAN POULE
Bois.

Zack entre.

ZACK
C'est trop con de crever comme ça la veille d'un contrat à se dorer
les couilles en or.
Ras le bol. Maintenant je suis mort.
Je veux changer d'ambiance.
Je veux des moukères de la danse du ventre des anges de la musique
je veux un décor normal de la verdure merde
je ne veux pas passer ma mort ici.

MAMAN POULE (*à Ismaïl*)
Comment tu t'es fait ça ?

ISMAIL
Un hélicoptère. Il faisait du sur-place à 15 mètres au-dessus du sol.
Le bruit des pales le sable soulevé par les bombes la mitrailleuse et
les grenades. J'ai eu peur.

ZACK
Au moins après ma mort j'ai droit à un décor correct.
Je me plaindrai à Dieu.
Et d'abord où qu'il est celui-là ?
Oh ! Dieu ! Où que tu es ? Où que tu es Dieu ?
Oh ! Dieu ! Je te signale que je suis mort !

ISMAIL
J'étais sous le gros monstre avec mon petit fusil
comme un gamin qui joue à tuer un éléphant
avec un pistolet à eau.

Le mort couvert d'algues entre.

LE MORT COUVERT D'ALGUES
Je suis mort dans ce golfe plein de pétroliers et d'hélicoptères de
bateaux d'exocet et de kamikazes d'américains de diplomates.
Je suis mort d'épuisement.
On m'a jeté à l'eau à 15 heures 40. Mon cadavre dérive lentement
dans les eaux huileuses du golfe.

Il tombe épuisé et ne bouge plus.

LE PETIT VIEUX
Qu'est-ce qu'ils ont tous à sortir de leurs fosses communes ?
Ils n'ont même pas la force de tenir debout.

MAMAN POULE (*à Ismaïl*)
Je vais brûler ta plaie. Il n'y a pas d'autre moyen.
Tu serreras les dents.

ZACK
Putain de merde. Viens me juger.
Allez. C'est le moment je suis baptisé. J'ai payé le curé pour ça.
Dieu je t'appelle. C'est un mort qui t'appelle.

MAMAN POULE
Fais moins de bruit.
Il y a des blessés.

ZACK
Et alors. Moi je suis mort.

Yonathan entre.

ISMAIL
Yonathan !

YONATHAN
J'ai trouvé un type sous un lit
je l'ai pris par les cheveux il hurlait
je lui ai planté un poignard dans le dos
ma main frappait frappait frappait.

ISMAIL
Yonathan !
Il ne me reconnaît pas.

MAMAN POULE
Il est aveugle. Il a l'air plein de fièvre.
Ne bouge pas tant toi.

ZACK
J'ai le droit.
je veux les anges le jugement le glaive
tout le saint frusquin promis.

LE PETIT VIEUX
Quand je parle d'amour ou bien tu n'entends pas
ou bien tu dis que je me répète.
Le dialogue d'une sourde et d'un muet.

LA PETITE VIEILLE
Se comprendre sans jamais rien se dire c'est l'idéal de toute une vie.
Occupe-toi plutôt de ces gens-là.

LE PETIT VIEUX
Ils se sont échappés. Ce sont des morts en fuite.

LA PETITE VIEILLE
C'est normal.
Le cimetière a été retourné par les bombes.

ISMAIL
Yonathan. Ecoute-moi.
Il m'en veut de l'avoir tué.
On regardait sans comprendre le sens.
La colonne des gosses enveloppés de blanc
les chars AMX tournaient moteur au ralenti.

MAMAN POULE
Ne bouge pas tant.

ISMAIL
Les gamins s'attachaient une corde d'un pied à l'autre
pour ne pas pouvoir fuir en dernière minute.
Ils se sont donné la main et se sont mis en marche vers le champ de
mines …

LE PETIT VIEUX
Nous ne maîtrisons plus le processus.
Tous les morts reviennent. Ils refluent.

Zack tire.

LE PETIT VIEUX
Cessez le feu !
Cessez le feu !
Arrêtez de tirer. Ici on doit faire la paix.

ZACK
J'arrêterai quand ceux d'en face s'arrêteront.

LE PETIT VIEUX
Vous ne comprenez pas que vous êtes mort.

ZACK
Et alors. Mort ou pas j'ai toujours défendu ma peau.

YONATHAN
S'en sortir. Avancer. Tuer. Tuer. Tuer.

ZACK
J'ai toujours porté un crucifix autour du cou merde.
Fais signe putain t'existes pas avoue t'existes pas merde putain
Dieu eu eu eu eu.

Il tombe et ne bouge plus.

ISMAIL
Les gamins avançaient droit
les mines on les voyait à demi enterrées
la première vague a sauté
des bras des jambes des têtes d'enfants
qui volaient dans tous les sens
un horizon de bras de jambes de têtes d'enfants.

MAMAN POULE
Tais-toi. C'est la fièvre.

ISMAIL
Non. Je l'ai vu.

MAMAN POULE
Eh bien tais-toi quand même.

YONATHAN
tuer tuer tuer s'en sortir échapper trancher élaguer tuer tuer tuer …

Il tombe et ne bouge plus.

MAMAN POULE
Dieu ne m'aura rien épargné.

LE PETIT VIEUX
Ils sont fous. Les morts sont devenus fous.

LA PETITE VIEILLE
Mais non puisqu'ils sont morts.

ISMAIL
La première vague a sauté on entendait quelques plaintes très
douces de gosses qui n'étaient pas complètement morts
même en morceaux tu peux vivre un moment.
Ça a été comme un signal on a emballé les moteurs des chars
on est passés sur le champ rempli de bouts de gosses
les petits corps giclaient dans la boue la ferraille
d'autres s'enfonçaient dans le sol mou.
Certains agonisaient la bouche emplie de terre.
Les gosses avaient fait sauter les mines.
A présent les chars pouvaient passer.

Entre Bella.

ISMAIL
Bella !

BELLA
Si tu te laisses manger par la douleur elle pourrit à l'intérieur et elle
te tue.
Toutes les nuits ces hommes
qui n'enlevaient pas leur treillis ...
Certains quand ils entraient en moi ils étaient froids
comme des instruments.

ISMAIL
Bella !
Elle ne me voit pas.

LE PETIT VIEUX
Elle est morte.

MAMAN POULE
Quel chemin.
Plus on approche de la terre promise moins ça y ressemble.

LE PETIT VIEUX
Tous les morts sont saisis d'insomnie ...

LA PETITE VIEILLE
Ne nous affolons pas.
La vie la mort toutes ces comédies il ne faut surtout pas les prendre
au tragique.

LE PETIT VIEUX
Dormons. Essayons de dormir.

LA PETITE VIEILLE
Réveillons-nous dans deux cents ans.

LE PETIT VIEUX
Pour quoi faire ?

LA PETITE VIEILLE
Pour voir ...

Ils s'endorment appuyés l'un à l'autre.

BELLA
Tout cet horizon d'incendies. Ces faux messies ces vrais missiles.
On crève tous asphyxiés dans ce pays étanche.
J'avais fait cet enfant comme un vieillard qui plante un arbre
pauvre folle que j'étais ...

Elle tombe et ne bouge plus.

ISMAIL
Bella réveille-toi. Parle-moi. Bella !

MAMAN POULE
Tais-toi.

Une explosion énorme embrase tout le ciel.

*Maman poule est au milieu du plateau jonché de morts. (Zack -
Yonathan - Le mort couvert d'algues - le petit vieux - la petite
vieille - Bella).*

MAMAN POULE
Cette odeur de cadavres et de brûlé ...
Comment va ta jambe. J'ai l'estomac tout retourné par la puanteur.

ISMAIL
J'ai mal.

Il tombe mort.

MAMAN POULE
Il est mort.
L'étrange veillée que j'ai passée quand j'ai trouvé mes enfants
froids dans la mort.
Que je les ai veillés sur le champ du massacre
quand je me suis levée dans le matin glacé
et les abandonnai là où ils étaient tombés
pour regarder la route devant moi.
Le chemin m'a servi de bandage et d'eau et d'éponge
il a versé du calme sur mes plaies.
Le voyage continue la fin je ne la connais pas.
J'envie les hommes qui s'endorment dans leur maison d'enfance
entourés de visages qu'ils connaissent.
Marchons.
Tout ce désordre de la broussaille humaine
n'est que mensonge et apparence.
L'ordre est la loi de l'univers qui fait toutes les choses rondes.

Elle enlève sa blouse.

*Sur toute la surface de sa robe sont cousus des centaines de petits
sacs d'étoffe.*

Les cendres de mon troupeau de gosses.
Je te les rends vieux capitaine.

*Elle vide les sacs dans la terre et la retourne avec un bâton ou avec
la kalach d'Ismaïl...*

Continuons.
Oh Oh ! Est-ce qu'il reste quelqu'un ici ?
Oh il y a quelqu'un ?
Oh quelqu'un ! Il doit bien rester quelqu'un ?

Elle se dirige vers le lointain à petits pas fatigués.

NOIR FINAL

La Chartreuse
Villeneuve-lez-Avignon
janvier-avril 1988

CET OUVRAGE A ÉTÉ ACHEVÉ
D'IMPRIMER EN OCTOBRE 2013
PAR CORLET IMPRIMEUR À
CONDÉ-SUR-NOIREAU.
LA COMPOSITION ET LA
MAQUETTE ONT ÉTÉ RÉALISÉES
PAR BADIANE À PARIS.

IMPRIMÉ EN FRANCE
NUMÉRO D'IMPRIMEUR : 159335